KB083629

영어학자의 눈에 비친

두 얼굴의 한국어 존대법

영어학자의 눈에 비친 두 얼굴의 한국어 존대법

초판1쇄발행 2020년 1월 15일
초판2쇄발행 2020년 8월 10일
지은이 김미경 **펴낸이** 박성모 **펴낸곳** 소명출판 **출판등록** 제13-522호
주소 서울시 서초구 서초중앙로6길 15, 2층
전화 02-585-7840 **팩스** 02-585-7848
전자우편 somyungbooks@daum.net **홈페이지** www.somyong.co.kr

값 15,000원
ISBN 979-11-5905-452-5 03710

영어학자의 눈에 비친

두 얼굴의
한국어 존대법

DOUBLE-FACED KOREAN HONORIFICATION

김미경 지음

소명출판

각 언어는 그 내적형식 안에 일정한 세계관을 숨기고 있다.

한 언어공동체에 속해 있는 모든 사람들은

그들의 모국어의 내적형식에 따라

그들의 체험을 소화하고, 그에 상응하여 사유하고 행동하게 된다.

– 레오 바이스게르버(Leo Weisgerber, 1929) –

책머리에

나는 지금부터 '존대법'이라는 고리타분한 주제를 가지고 한국의 젊은이들에게 말을 걸려고 한다. 그들이 의식을 하고 있든 못하고 있든 간에 상관없이 존대법 이야기는 누구보다 그들의 이야기이기 때문이다.

내가 존대법에 대해서 글을 쓰고 있다고 말하면 돌아오는 첫 번째 반응은 대학에서 영어를 가르치는 사람이 "웬 한국어 존대법?"이라는 싸한 분위기였다. '존대법에 대한 이야기'라는 말이 떨어지자마자 시작되는 어색한 분위기 속에는 세 가지 복잡한 감정이 포함되어 있다. 하나는 오늘의 한국인들에게 존대법은 따분하고 어려운 동시에 거북한 이야기인데, 그것을 의식 위로 끌어올리는 것에 대한 불편함이다. 다른 하나는 존대법을 거론하는 것 자체가 불손하게 느껴지는 것에서 오는 조심스러움과 불안함이다. 마지막은 국어 선생이 아닌 영어 선생이 존대법을 논하는 것에 대한 의심이다.

그럴 때마다 속으로 물었다. '지금이 존대법에 대해 질문하기에 적절한 시기인가?' 끊임없이 반문하면서 끝내 존대법 흔들기를 포기하지 못하고 여기까지 왔다는 것은 이 질문에 대한 나의 대답이 '예스'였다는 뜻이다.

나는 영어학을 전공하고 30년 이상 영어를 가르쳐왔다. 어쩌면 한국어 존대법을 건드려볼 수 있는 이유는 내가 국어학자가 아니라 촘스키 변형생성문법을 전공한 영어학자이기 때문인지도 모른다.

이천 년 동안 한반도의 양반과 지식인들은 존대법의 가치를 의심해본 적이 없다. 그들은 천 년도 더 전에 이미 중국어에는 존대법이 없다는 것을 알았으면서도, 그리고 다른 것은 중국을 따라하면서도, 존대법만큼은 일말의 의심도 없이 지켜왔다. 그들은 왜 유독 한국어에만 존대법이 있는지, 사람과 사람을 위아래로 나누는 존대법의 기준이 정당한 것인지 묻지 않았다. 한반도의 양반과 지식인들은 언제나 존대법의 수혜자인 윗사람들이었기 때문이다.

한국어 존대법을 의심하기 시작한 사람들은 19세기 말 한반도 밖에서 온 외부자들이었다. 만인이 평등하다는 예수의 메시지를 전파하기 위해 한국에 온 선교사들은 한국어가 모든 사람을 위아래로 나누고, 그 서열에 따라 존대와 하대의 높이를 달리해야 하는 존대법에 묶여 있는 것을 발견하고 놀라지 않을 수 없었다. 한국어 존대법의 한계를 보여준 예수 존대법 갈등은 지금까지 지속되고 있는 첨예한 문제이며, 동시에 한국어 존대법 속에 숨어 있는 서열주의 문제를 근본적으로 의심하게 만드는 계기가 되었다.

한국의 글로벌화와 함께 세상에 드러난 한국어 존대법이 동방예의지국의 상징이 아니라 비행기를 추락시키는 파괴력을 가진 위험 요인으로 의심받는 것을 목격하면서 시작된 존대법에 대한 질문이 꼬리에 꼬리를 물고 이어졌다.

'한국어를 배우는 외국인들이 존대법이 특별히 어렵다고 할 때, 그들에게 존대법이 어려운 진짜 이유가 무엇인가?', '외국인 못지않게 21세기 한국인들에게도 존대법이 왜 이렇게 마음 불편한 문제가 되었는가?', '중국에 간 여섯 살짜리 남자아이가 네 살짜리 중국 아이에게 존댓말을 하지 않는다고 화를 내는 존댓말 시비가 한국에서는 살인으로까지 이어지는 갈등의 근저에 숨은 뜻은 무엇인가?'

끊임없이 이어지는 질문과 그 답을 찾는 과정에서 깨닫게 된 사실은 존대법이 한국어 문법의 핵심인 동시에 한국인의 정신과 삶의 방식을 조정하는 근원이라는 것이다.

21세기 한국인들은 세상에서 가장 민주적인 문자, 한글로 극적인 민주화를 이루어 왔으면서도 가장 비민주적인 문법에서 묶여 갈등하고 있다. 이제 조금은 불편하지만 우리의 무의식에 숨겨져 있던 존대법의 민낯을 들여다보아야 할 시간이다. 우리가 진정으로 한강의 기적보다 한 차원 더 높은 세기의 기적을 이루고 싶다는 꿈이 있다면.

한국어 존대법에 대한 바른 이해가 한글로 이루어낸 우리 사회의 언어 민주화를 확대하는 밑거름이 될 수 있기를 희망한다. 책의 출간을 흔쾌히 맡아 성심으로 도와주신 소명출판의 관계자 여러분께 깊이 감사드린다. 마지막으로 이 글을 준비하는 처음부터 끝까지 언제나처럼 함께 의견을 나누며, 우리 사회를 조금이나마 더 나은 세상으로 만들기 위해서는 존대법이 반드시 짚고 넘어가야 할 문제라는 믿음을 함께 넓혀 온 카이스트의 김도경 교수와 출간의 기쁨을 나누고 싶다.

2019년 12월

김미경

차례

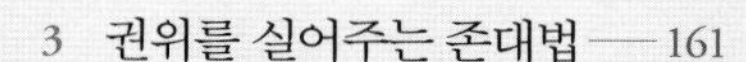

글을 시작하며

한국에 처음 도착한 서양 선교사들은 한국어와 관련하여 두 가지 발견에 놀랐다. 하나는 한국인들이 세상에서 가장 배우기 쉬운 한글을 가지고 있다는 것이고, 다른 하나는 한국어에는 세상에서 가장 계급차별적인 존대법이라는 문법규칙이 있다는 것이었다. 그들은 세상에서 가장 민주적인 문자와 가장 비민주적인 문법을 동시에 가지고 있는 한국어의 양면성에 놀라지 않을 수 없었다.

선교사들은 예수의 말을 한국어로 전하려고 하자마자 지금까지 한 번도 생각해보지 않았던 근본적인 문제에 직면하게 되었다. 바로 '예수 존대법' 문제였다. 예수는 이천 년 동안 모든 사람이 평등하다는 메시지를 평등한 언어로 전달해왔다. 한국어를 만나기 이전까지 예수는 누구에게도 존댓말을 하거나 반말을 한 적이 없었다. 그러나 한국어 성경을 준비하는 선교사들은 예수가 백성과 자신의 높낮이를 어떻게 계산했는지, 예수가 제자와 백성들에게 존댓말을 했는지 아니면 반말을 했는지를 결정해야 했다.

에스놀로그Ethnologue에 따르면 2019년에 세계에서 7,111개의 언어가 사용되고 있고, 위클리프Wycliffe Bible Translators에 따르면 2018년 현재 1,534개 언어의 신약 성경이 있다. 이 많은 성경 중에서 예수가 백성들에게 존댓말 하는 사람이었는지, 반말하는 사람이었는지를 물어야 하는 성경이 몇 개나 될까?

우리는 세상에서 가장 발달한 존대법을 가지고 있다고 자랑한다. 그러나 한국어는 존대법이 발달한 것 이상으로 하대법도 세상에서 가장 발달한 언어이다. 세상에 존재하는 7,000여 개의 언어 중에서 한국어처럼 상대를 낮추는 반말이 문법으로까지 발전한 언어는 거의 없다. 한국어 존대법은 정확하게 절반은 존대 규칙, 절반은 하대 규칙을 포함한 두 얼굴의 문법이다.

존댓말 때문에 한국인들은 예의 바르다고 여겨지지만, 반말이 발달한 만큼 무례하기도 하다. 우리는 존댓말로 웃어른을 모시기도 하지만, 반말로 아랫사람들을 짓밟는 갑질을 누구보다 많이 한다. 존대법은 예의와 무례를 동시에 포함하는 이율배반적인 어법이다.

두 얼굴의 한국어 존대법은 단순히 문법만의 문제가 아니라, 한국인의 의식 전체를 지배하는 동인이며, 한국 사회를 돌아가게 만드는 회전력이다. 한국어 존대법은 한국인의 의식구조와 한국의 서열 문화의 핵심을 들여다볼 수 있는 블랙홀이다.

한국 아이들은 태어나면서부터 존대법 교육을 받기 시작한다. 아이들에게 강요되는 존대법은 단지 '-요'를 붙이는 문법을 가르치는 것이 아니라, 이 사람은 너보다 높은 사람이라는 것을 주입하는 과정이며, 사람 간에는 항상 위아래가 있다는 것을 세뇌하는 과정이다. 또한, 윗사람은 너보다 나은 사람이니 그의 말을 들어야 한다는 것을 훈련시키는 동시에, 사람의 높낮이에 따라 사람을 대하는 태도를 달리해야 한다는 것을 가르치는 과정이다.

존대법은 서열 중심의 인간관을 한국인의 정신 속에 고착화하는 기본적이고 핵심적인 장치이다. 존대법은 말하는 내용과 그 논리성보다 윗사람에게 어떻게 말해야 하는가를 먼저 생각하게 만들고, 윗사람과 평등한 관계에서 생각하고 대화하는 정신을 가로막는다.

지난 반세기 동안 선생님 말씀을 잘 듣고 잘 따라 하는 성실함으로 중학생들의 성적을 세계적인 수준으로 끌어올릴 수 있었다. 군대식 상명하복의 복종과 충성으로 GDP를 삼만 달러까지 올리는 것이 가능했다. 한국식 존대 문화로 거기까지는 가능했다. 그러나 거기까지다.

세계적인 수준의 중학생 학업성적에도 불구하고 한국 대학생들의 국제 경쟁력은 최하위권이며, 어른 대접이라는 존대법 예절에 가려진 아랫사람들에 대한 인권유린은 겉으로 보이는 민주화와 극명하게 대비된다. 한국어 존대법은 토론장의 발언권에서부터 노래방에서의 노래 부르기 순서까지 이 나라 구석구석 어디에서나 나이와 계급에 대한 우선권을 강요한다.

존대법은 한국인들에게 태어난 순간부터 끊임없이 공손하라고 가르친다. 한국식 공손함은 기존의 질서와 권위에 대한 순종을 종용한다. 공손 문화에 세뇌된 한국의 젊은이들은 남들보다 뛰어난 능력을 갖추고 있으면서도 자신의 능력을 스스로 인정하지 못하고, 자신의 능력만큼 도전해보지도 못한다. 존대법의 공손 문화는 복종 문화와 추종 문화로 이어지고 젊은이들의 도전 정신은 싹부터 잘려나간다. 나이와 직급으로 위아래를 구분하고, 말에서부터 확실한 상명하복을 강요하는 존대법은 수많은 인재들을 평범한 소시민으로 떨어트린다. 공손한 아랫사람들이 넘쳐나는 동안 글로벌 리더들은 사라져간다.

일방적인 순종으로는 21세기 글로벌 사회에서 살아남을 수 없다. 과거와 현재에 대한 순종으로는 과거보다 나은 현재, 현재보다 나은 미래를 열 수 없다. 윗사람이니까 무조건 존대하고 윗사람의 생각을 무조건 따르는 공손 태도로는, 그리고 자신보다 순위가 높은 것 앞에서 스스로를 지나치게 낮추는 공손 태도로는 세계 최고가 될 수 없다.

존대법은 한국 사회를 늙게 만드는 주범이다. 한국이 젊어지려면, 그리고 지금보다 한 차원 더 높은 비약을 하려면, 존대법에 가려진 한국식 공손 문화의 턱을 넘어야 한다.

아인슈타인은 "나의 생명이 달린 문제를 해결하기 위해 나에게 주어진 시간이 단 한 시간이라면, 나는 그 중 첫 55분을 적절한 질문을 고르는 데 사용할 것이다. 왜냐하면, 적절한 질문만 할 수 있다면, 그 문제를 5분 이내에 해결할 수 있기 때문이다"라고 말했다. 하버드 대학의 제임스 라이언 교수는 좋은 질문을 하려면, '적절한 순간에, 적절한 사람에게, 적절한 질문을 하라'고 했다. 존대법 흔들기를 시작하기 전에 묻는다. 지금이 존대법에 대해 질문하기에 적절한 시기인가?

그렇다. 지금이 존대법에 대해 질문할 가장 적절한 시간이다. 이제 나이로든 계급으로든 사람을 위아래로 나누는 과거의 서열주의를 더 이상 견딜 수 없을 만큼 한국 사회가 민주화되었다. 이제 더 이상 나이가 어리다는 이유만으로 혹은 예전부터 그랬으니까라는 이유만으로 하대받는 것을 무조건 참을 수 없는 한계점에 도달했다. 또한, 인터넷의 출현으로 존대법의 근간이 흔들리기 시작했다. 서로의 위아래를 따질 수 있는 아무런 배경도 주어지지 않는 온라인 공간에서 존대법이 발붙일 기반 자체가 사라지고 있다.

이 책은 다음의 주제를 다룬다. 제1장 「한국인의 정신을 지배하는 한국어 존대법」은 '존대법이 한국인의 의식구조에 얼마만한 영향을 미치는가?'에서 출발한다. 그리고 외국인들의 눈에 비친 한국의 존대 문화를 살펴보면서 한국 사회에서 구가되는 존대법의 괴력에 주목한다.

제2장 「한국어 성경의 예수 존대 딜레마」는 150여 년 전 한국어 성경 번역이 시작된 이래 현재까지 지속되고 있는 예수 존대법 갈등이라는 실질적인 문제를 통해 존대법에 내재된 극단의 계급주의와 예수의 만인 평등에 정면으로 어긋나는 불평등 문제를 살펴본다.

제3장 「존대법의 두 얼굴, 존댓말과 반말」은 존대법의 양면성 중에서 하대법에 주목한다. 하대법과 반말로 인해 발생하는 갈등의 사례들을 표면으로 끌어올려 존대와 하대의 프레임 속에 일그러진 한국 사회의 이면과 그 파괴력을 확인한다.

제4장 「권력에 아부하는 호칭」은 권력자의 힘에 비례하는 한국어 존대법의 정교함을 살펴본다. 한국의 최고 권력자로 통용되어 온 대통령에 대한 존대법, 북한의 김일성 극존대법, 미국 대통령에 대한 기자들의 존대법 차별 등의 사례를 통해 존대법으로 포장된 권력에 대한 기형적인 아부 문화의 실상을 확인한다.

제5장 「21세기 변화를 따라잡지 못하는 존대법」은 한국 사회의 민주화와 글로벌화의 속도를 따라가지 못하는 존대 문화의 뒷모습을 들여다본다. 먼저 과거식 존대 문화가 한국인의 정신과 한국 사회를 어떻게 발목 잡고 있는가에 대해 살펴본다. 그리고 현재의 한국인들이 겪고 있는 존대법 갈등의 모습과 그 갈등을 피하고자 변형되는 기형적인 과잉존대 현상의 의미를 조명한다.

제6장 「변화하는 사회, 진화하는 존대법」은 21세기 글로벌 사회에서 진화하고 있는 존대법의 변화 양상을 살펴본다. 또한 '한국어 존대법이 앞으로 어떻게 변할 것인가?'라는 질문에서 시작하여, 한국어 존대법이 가야 할 방향을 탐색한다.

존대법으로부터의 해방은 단지 문법의 문제가 아니라 인권의 문제이며, 동시에 국제 사회에서 미래 한국의 생존의 문제이다. 한국이 미래로, 글로벌 사회로, 그리고 더 넓은 민주화로 한 차원 더 높은 비약을 지향한다면 조선 시대식 존대 문화를 극복해야 한다. 이를 위한 첫걸음은 존대법의 숨은 논리를 우리 의식의 표면 위로 떠올리는 것이다.

한국인의 정신을 지배하는 한국어 존대법

쎄이요르 사람들이 자신의 위치를 파악하기 위해 의지하는 마음속 나침반은 절대방위를 가리키는 나침반이다. 한국인들이 자신의 위치를 파악하기 위해 의지하는 마음속 나침반은 자신과 상대의 나이와 학번과 직급, 학벌과 직종과 힘의 크기를 비교하는 서열 계산기이다. 쎄이요르 사람들은 자신의 위치를 말하기 위해 절대방위 나침반에 의존하고, 한국인들은 존대법을 표현하기 위해 서열 계산기에 의존한다.

I

세상을 코딩하는 프로그램 언어 – 모국어 문법

언어가 사람들의 생각과 세상을 바라보는 관점에 영향을 미칠까? 모국어의 특정 문법이 그 민족이 삶을 살아가는 방식에 영향을 미칠까? 수 세기 동안 갑론을박해 온 이 문제에 대한 답을 얻기 위해 스탠퍼드 대학과 MIT의 연구팀은 중국, 그리스, 칠레, 인도네시아, 러시아, 호주 원주민 등 전 세계에서 데이터를 수집하고 분석했다. 연구팀은 실제로 모국어의 특정 문법이 그 민족에게 초인적인 능력을 부여하기도 하고, 문법 요소가 세상을 보는 방식을 조정한다고 밝혔다.

어느 언어에나 '동사'가 있지만, 언어마다 그 동사에 반드시 담아야 하는 내용이 다르다. 각각의 언어에 내포된 문법은 언어 사용자가 그 문법이 요구하는 특정한 기준에 집중하도록 조종한다.

'트럼프가 언어학 책을 읽었다'를 말할 때 영어는 동사에 시제를 표시하는 것이 전부이다. 그러나 러시아어는 동사에 책을 읽은 사람이 여자인지 남자인지, 그리고 책의 일부분만 읽었는지 아니면 책 전체를 다 읽었는지를 표시해야 한다. 반면에 터키어는 트럼프가 책 읽는 것을 화자가 직접 보았는지, 아니면 그런 이야기를 다른 사람에게서 들은 것인지 추측해서 말하는 것인지를 동사에 표시해야 한다.

페루 누에보 산 후안의 매체스Matses 부족이 사용하는 언어는 조금 더 복잡하다. 매체스어에는 그 정보를 어떻게 알았으며, 그것이 사실이었던 가장 최근 시점이 언제인지 등 지식의 출처를 더 명확하게 동사에 표시한다. 예를 들어 "당신은 사과를 몇 개 가지고 있나요?"라는 질문을 받으면, 매체스인은 '내가 지난번 내 과일바구니를 확인했을 때 4개의 사과가 있었습니다'라는 내용을 동사에 표시한다. 매체스인은 자신이 지금 그것을 보고 있지 않은 한 도둑이 사과를 몇 개 훔쳐 갔을 수 있으며, 따라서 내가 현재 사과를 4개 가지고 있다는 증거가 없다고 표시하는 것이다. 이러한 언어 규칙은 매체스인들이 증거를 제시하는 것에 민감하게 만들고, 말하는 그 순간 사실인 정보만을 조심스럽게 전달하도록 만든다.

그러면 한국어는 동사에 무엇을 표시할까? 한국어는 동사에 존대법을 표시해야 한다. 한국어로 말할 때는 대화와 관련된 모든 사람의 높낮이를 비교하여 그들 중 누가 높고 누가 낮은 사람인지를 동사에 표시한다. "김 회장님께서 말씀하셨습니다"는 '이 말을 하는 사람이 듣는 사람보다 낮으며, 김 회장은 말하는 사람과 듣는 사람보다 높은 사람이다'라는 내용을 표시하고 있다. 반면에 "김 회장이 말했어"는 '이 말을 하는 사람이 듣는 사람보다 높거나 동격이고, 김 회장은 말하는 사람과 듣는 사람보다 아랫사람이거나 동격이다'라는 내용을 전달한다. 물론 '말씀

하셨습니다'와 '말했어'라는 간단한 동사에 이렇게 복잡한 뜻이 실려 있다는 것을 의식적으로 계산하는 한국 사람은 없다. 존대문법으로 훈련된 한국인들의 머릿속에서 이 높낮이는 거의 무의식중에 자동으로 계산된다. 한국인들은 존대법을 무의식중에 사용한다. 대부분의 경우 외국인에게 '말씀하셨습니다'와 '말했어'의 뜻의 차이를 정확히 설명하려고 할 때가 되어서야 비로소 한국어 존대법의 계산법이 얼마나 복잡하고 정교한 것인지를 의식하게 된다. 어쨌든 한국어에서는 대화와 관련된 모든 사람의 높낮이를 계산한 결과가 동사의 끝부분에 반드시 표시되어 있어야 한다.

언어학자 로만 자콥슨은 "언어는 그 언어가 전달할 수 있는 것에 의해서가 아니라 그 언어가 반드시 전달해야 하는 것에 의해 본질적으로 구분된다"라고 말했다.[1] 러시아 문법은 러시아인이 말을 할 때 그 행동을 완료했는가를 무의식중에 확인하게 만들고, 터키어 문법은 터키인들이 말을 할 때 직접 목격한 것인지 아니면 소문이나 추측으로 알게 된 것인지를 헤아리게 만들고, 매체스어 문법은 매체스인이 말하는 순간 자기가 확실히 알고 있는 사실만 전달하도록 조심하게 만든다. 반면에 한국어 존대법은 한국인들이 말을 할 때 무의식중에 관련된 모든 사람의 높낮이를 계산하여 서열화하도록 만든다.

인간은 모국어를 배우기 시작하는 순간부터 모국어가 요구하는 기준에 따라 세상을 코딩하는 법을 배운다. 미국인, 러시아인, 터키인, 매체스인, 그리고 한국인 모두 자신의 모국어 문법이 요구하는 규칙에 따라 각각 세상의 다른 측면에 주목하고, 세상을 다르게 분할한다. 존대법을 표시해야 하는 한국인은 끊임없이 사람을 위아래로 구분하고 인간관계를 서열화하는 일에 집중한다. 그리고 그 높낮이의 차이를 표시하기 위한 적절한 표현을 찾는 데 에너지를 쓴다. 존대법은 한국어 문법의 핵심인 동시에, 한국인의 삶의 방식을 조정하는 근원이다.

2 쎄이요르인과 한국인의 차이

쎄이요르 사람들이 자신의 위치를 파악하기 위해 의지하는 마음속 나침반은 절대방위를 가리키는 나침반이다. 한국인들이 자신의 위치를 파악하기 위해 의지하는 마음속 나침반은 자신과 상대의 나이와 학번과 직급, 학벌과 직종과 힘의 크기를 비교하는 서열 계산기이다.

오른쪽 왼쪽 대신 동서남북으로 위치를 표시하는 쎄이요르 사람들[2]

대부분의 언어는 '오른쪽, 왼쪽, 앞, 뒤'와 같은 단어를 사용하여 위치를 표시한다. 이는 사람들이 자신을 기준으로 위치나 방향을 말한다는 뜻이다. 컵이 오른쪽에 있다는 말은 자신을 기준으로 오른쪽에 있다는 뜻이다. 그런데 호주에 사는 쎄이요르Thaayorre 부족이 사용하는 쿠크 쎄이요르어Kuuk Thaayorre에는 '오른쪽, 왼쪽'과 같은 단어가 없다. 이들은 위치를 말할 때 오른쪽, 왼쪽 대신에 절대방위인 동서남북을 기준으로 말한다. 예를 들어 "컵을 오른쪽으로 약간 이동하세요" 대신에 "컵을 북북서쪽으로 약간 이동하세요"라고 말한다. 쎄이요르인은 사람을 만나면 일상적으로 "어디 가니?" 하고 인사하는데, 그러면 "남남동쪽, 중간쯤 거리에"와 같이 대답한다. 쿠크 쎄이요르어를 사용하려면 항상 방위 지향적이어야 한다. 동서남북을 파악해야만 올바르게 말할 수 있기 때문이다.

스탠퍼드 대학의 심리학자이자 뇌과학자인 레라 보로디츠키는 자신을 기준으로 위치를 말하는 사람들과 절대방위를 기준으로 말하는 사람들의 사고방식에 어떤 차이가 있는가를 확인하기 위해 카드 배열하기 실험을 했다.[3] 예를 들어, 참가자들이 아기, 청년, 노인의 사진을 시간 순서대로 정리하게 했다. 여러분이라면 어떻게 배열하겠는가? 여러분이나 나는 물론 왼쪽에서 오른쪽으로 배열할 것이다.

실험 결과, 영어 사용자는 우리처럼 항상 왼쪽에서 오른쪽으로 카드를 배열했다. 실험할 때 참가자들이 앉는 위치를 동서남북으로 매번 바꾸었는데, 이들은 절대방위에 관심이 없었으며 방위를 의식하지도 못했다. 이들은 자신이 위치한 방위에 상관없이 일관되게 왼쪽에서 오른쪽으로 배열했다.

그러나 쎄이요르인들은 달랐다. 그들은 일관되게 동쪽에서

서쪽으로 시간을 배열했다. 즉, 그들이 남쪽을 향해 앉아 있을 때는 카드를 왼쪽에서 오른쪽으로 배열했다. 반면에 그들이 북쪽을 향했을 때는 카드는 오른쪽에서 왼쪽으로 배열했다. 심지어 그들이 동쪽을 향했을 때는 카드를 몸쪽을 향해 배열했다. 실험 중 그들이 어느 방향으로 앉아 있는지 방위를 알려주지 않았는데, 쎄이요르인들은 언제나 자신이 향하고 있는 방위를 정확히 알고 있었다.

연구팀은 쎄이요르인들이 우리가 상상할 수 없을 만큼 놀라운 방향 감각을 가지고 있다는 것도 발견했다. 쎄이요르인은 실험하는 동안 언제나 어디에서나 심지어 그들이 처음 방문한 생소한 도시의 복잡한 빌딩의 한쪽 구석방에서도 자신의 방위를 언제나 정확하게 추적하고 있었다.

언어학자 기 도이처Guy Deustcher의 연구에 따르면, 쎄이요르인들처럼 절대방위를 이용하는 언어 사용자들은 아주 어릴 때부터 '마음속 나침반internal compass'을 가지게 되고, 아이들은 언어를 배우는 동안 무의식중에 나침반에 위에 자신을 위치시키는 연습을 하게 된다고 한다. 그리고 이런 연습을 하는 사이에 이들은 초인적인 공간지각 능력과 뛰어난 항해 능력을 갖추게 된다고 한다.[4]

'오른쪽, 왼쪽'이라는 단어 대신에 절대방위를 중심으로 위치를 표시한다는 간단한 문법요소 하나 때문에 쎄이요르인이 초

쎄이요르 사람들[5]

인적인 내비게이션 능력을 갖추게 되고, 위치뿐만 아니라 시간의 흐름을 인지하고 표현하는 방법까지도 절대방위에 의존한다는 연구 결과를 보면서 한국어 존대법을 돌아보게 된다.

쿠크 쎄이요르어의 위치 표현이 방위 지향적이라면, 한국어 존대법은 서열 지향적이다. 쎄이요르 아이들이 말을 배울 때 마음속 나침판을 기준으로 자신의 위치를 절대방위에 맞추는 연습을 하는 동안 초인적인 방향 감각을 가지게 되는 것처럼, 한국 아이들은 존댓말과 반말을 연습하는 동안 사람

간의 상대적인 높낮이를 기준으로 자신의 높이를 헤아리며 천부적인 서열 감각을 키우게 된다. 쎄이요르인들이 맨해튼의 빌딩 안에서도 자신의 위치를 정확히 파악할 수 있을 만큼 방위에 민감하게 되는 것처럼, 한국인들은 세계 어디에서 누구를 만나더라도 무의식중에 그들과 자신 사이의 상대적인 높이 계산에 민감하게 된다. 쎄이요르인이 절대방위라는 기준을 중심으로 자신의 위치를 파악하는 반면에, 우리는 나이와 학벌과 직위 같은 상대적인 기준을 중심으로 인간관계를 파악한다는 것이 차이라면 차이이다.

3

한국인이 나이를 묻는 이유

처음 만난 상대의 나이를 가장 먼저 알아내는 민족은 단연코 한국인이다. 다니엘 튜더는 한국은 처음 만난 사람에게 '나이가 몇 살이시죠?'라고 묻는 나라라며 놀라워한다. 옆 나라 중국의 왕 샤오링은 여자에게까지 "실례지만 몇 년생이세요?" 하고 묻는 우리의 습관에 당황한다. 일본인 이마무라 히사미는 쌍둥이가 태어난 순서까지 따지는 한국 할머니를 보며 한국식 장유유서에 저항한다. 한국인들의 나이에 대한 집착은 서양인은 물론이고 일본인이나 중국인까지도 이해하기 어려운 기이한 현상이다. 그런데 한국인들은 왜 이렇게까지 집요하게 나이에 집착하는 것일까? 물론 존대법 때문이다.

2002년부터 10년 동안 『이코노미스트』 기자로 일하며 한국을 경험한 다니엘 튜더Daniel Tudor를 가장 놀라게 한 한국인의 습관은 초면에 '나이가 몇 살이시죠?'를 묻는 것이었다.

한국에서 두 사람이 처음 만났을 때, 으레 나오는 질문 중 하나는 "나이가 몇 살이시죠?"다. 누가 연장자인지 확인하고 나면, 어린 사람은 상대방에게 어느 정도 예우를 해줘야 한다. 이러한 위계는 특별한 호칭을 통해 강조된다. 젊은 남자는 나이 많고 친근한 남성을 형이라 부르고, 젊은 여자는 나이 많고 친근한 여성을 언니라고 부른다. 서로 성별이 다른 사람들끼리 친분이 생길 경우 나이 많은 남자는 오빠가, 나이 많은 여자는 누나가 된다. 이러한 관계 속에서 나이가 어린 사람은 그저 동생으로 불린다.[6]

우리에게는 당연한 이런 습관이 외국인에게는 놀랍다. 서양인들뿐만 아니라 옆 나라 중국인도 나이를 묻는 우리의 습관을 이상하게 생각한다.

한국 사람을 만나면 만난 지 30분 안에 나이, 학번, 고향, 형제자매, 출신 학교, 경우에 따라서는 부모님의 직업, 심지어 애인이 있는지 없는지까지 모두 캐묻는다. 여자에게 나이를 묻는 것이 실례라는 것을 알고 있으면서도, 한국 사람들은 "실례지만 몇 년생이세요?" 하고 꼭 물어본다. 그래서 중국 유학생들은 농담 삼아 한국 사람은 모두가 '호적경찰관(중국에서 호적 관리하는 일을 담당하는 사람)'이라고 한다.[7]

우리도 나이를 묻는 것이 실례라는 것을 알고 있다. 그러면서도 어쨌든 우리는 사람을 만나면, 상대가 한국인이든 외국인이든에 상관없이 누가 연장자인지를 알아내고야 만다. 직접 나이를 묻기 곤란하면 중학교에 언제 입학했는지, 누구의 선배인지

후배인지, 혹은 2002년 월드컵이 열렸을 때 몇 살이었는지 등을 이용해서라도 상대의 나이를 알아내고야 만다.

나이로 위아래를 따지는 한국인의 관습에 영국인과 중국인만 놀라는 것은 아니다. 이웃 나라 일본 출신의 이마무라 히사미는 쌍둥이의 탄생 순서까지 구분해서 위아래를 나누는 한국인의 서열 집착에 당황한다.

> 우리 아이는 첫째, 둘째가 쌍둥이 딸이다. 둘은 사이가 좋아서 서로 이름을 부른다. 나는 그걸 당연한 일인지 알고 있었다. 그러나 주변 사람이나 시어머니는 쌍둥이를 보고 "누가 언니야? 언니라고 불러야지" 하며 아이들에게 말할 때도 있었다. 그럴 때마다 나에게 하는 말인 것 같았다. 학교에서는 둘은 같은 또래인데, 언니, 동생으로 구별하면 오히려 이상하다. 나는 그렇게 생각하고 우리 아이에게는 고치라는 말을 한 번도 한 적이 없다. 여전히 우리 쌍둥이는 변함없이 집에서도 밖에서도 서로 이름으로 부른다.[8]

우리가 상대의 나이에 민감하다는 것은 알았지만, 세계인들이 경악할 만큼 그렇게 기이한 습관이라고 생각하지 못했었다.

그런데 튜더의 발견 중에서 나를 가장 놀라게 한 것이 있다. 한국에서는 나이가 어린 아랫사람은 뭉뚱그려 그저 '동생' 하나로 충분하다는 사실이었다. 그랬다. 연장자는 '형, 오빠, 누나, 언니'로 나와 윗사람의 성별까지 구분해서 신경 쓰고 높여 부르면서, 아랫사람은 남자인지 여자인지 구분하거나 배려할 필요도 없고, 그저 '아랫사람'이라는 이름 하나로 충분했다니! 윗사람에 대한 배려가 극진한 것 이상으로 아랫사람에 대한 무관심과 무시가 이렇게 극심하다는 것을 외국인의 눈을 통해 처음으로 의식하는 순간이었다.

외국인들은 묻는다. "그런데 한국인들은 왜 그렇게 집요하게 나이를 따지나요?" 그러면 우리는 설명한다. 상대가 나보다 아랫사람이면 반말을, 나보다 높으면 존댓말을 해야 하기 때문이라고. 영어로 나이를 물을 때는 "How old are you?"라고 하면 되지만, 한국어로 말할 때는 최소한 세 가지 버전으로 구분해서 말을 한다고.

> 너 몇 살이니?
>
> 나이가 몇 살이시죠?
>
> 연세가 어떻게 되십니까?

이때 위아래를 구분하지 못하고 선배에게 "너 몇 살이니?" 했다가는 벼락을 맞을 일인 동시에, 후배에게 "연세가 어떻게 되십니까?"라고 말했다가는 정신이상자 취급당하기 십상이라고.

그러면 외국인은 다시 묻는다. "그럼 한국 사람들은 말을 할 때마다 서로의 높이를 계산하나요?" 그러면 우리는 자신 있게 대답한다. "그럼요! 영국인은 단수와 복수를 구분하지 않고는 말을 못 하지만, 한국인은 서로 간의 높낮이를 구분하지 않고는 말을 할 수 없어요. 그러나 그렇게 어려운 일도 아니에요. 마치 영국인이 주어가 단수인지 복수인지를 의식하지 않으면서 be동사를 선택하는 것처럼, 우리는 서로의 높이를 거의 무의식중에 순간적으로 판단해서 존대하거나 하대할 수 있어요. 한국인이 나이에 유난히 민감한 이유는 존대법의 서열을 결정하는 가장 기본적인 기준이 나이이기 때문이에요."

한국인의 의식구조 안에서 나이가 얼마나 중요한 기준으로 자리 잡았는지는 신문 기사에서도 보인다.

> 미국 CBS 방송 〈60분〉 프로그램의 **스티브 크로프트 기자(70)**는 최근 돌연 접어버린 5억 달러 예산의 시리아 반군 육성과 무기 지원 프로그램에 대해 추궁하던 중 **버락 오바마 대통령(54)**이 아프가니스탄 얘기로 넘어가려 하자 말을 끊고 이렇게 말했다.[9]

> Steve Kroft questions President Obama on topics including Ru-ssia's incursion in Syria, ISIS and the 2016 presidential race.[10]

한국 기사에는 오바마 대통령과 크로프트 기자의 이름 뒤에

(70)과 (54)로 나이를 표시한다. 그러나 똑같은 내용을 전하는 미국 CBS 뉴스의 기사에는 이런 숫자가 없다. 오바마가 54세이고, 크로프트 기자가 70세라는 사실이 이 뉴스의 내용을 전달하는 데 꼭 필요한 정보였을까? 미국 독자들에게는 중요하지 않은 그 숫자가 한국 독자들에게는 왜 중요할까?

한국 기자들은 기사 내용과 직접 상관이 없어도 습관적으로 사람의 이름 뒤에 나이를 표시한다.

> 박근혜 대통령 탄핵 심판 변론에서 대통령 측 대리인단 **김평우(72)** 변호사와 **강일원(58)** 헌법재판관의 '껄끄러운 인연'이 새삼 주목받고 있다. (…중략…) 김 변호사는 사법시험 8회로, 사시 23회(사법연수원 14기)의 강 재판관보다 15년이 앞선다. **나이도 14살이 더 많다.** 서울대 법대 선후배 관계이지만, 고등학교는 각각 경기고와 용산고를 나왔다.[11]

존대법에서 시작된 나이에 대한 민감성이 한국인의 의식구조 속에서 모든 인간관계를 파악하는 기본조건으로 확산된다. 그리고 사람의 행동 가치를 판단하는 기준이 되어버린다. '그렇게 어린 나이에'에서부터 '그렇게 나이가 많은데도'까지 상식적으로 어떤 나이에는 어떠해야 한다는 기준을 두고 그 기준에 맞추어 사람을 평가한다. 그러나 이런 습관은 우리를 '나이'에 묶어버리는 올가미가 된다. '젊은 놈이 건방지고', '어른이 주책이 되는' 제한된 의식에서 벗어나지 못하게 하고, 새로운 것을 시도하는 도전 정신과 용기를 갉아 먹는 독이 된다.

4 서로 이름을 부르지 않는 한국 사람들

이스라엘에서는 학생과 교수가 서로를 이름으로 부른다. 미국에서는 학생끼리 나이와 학번에 상관없이 서로를 이름으로 부른다. 중국에서는 3년 선배를 이름으로 부를 수 있다. 그러나 우리는 그럴 수 없다. 한국에서는 아무나 아무의 이름을 부를 수 없다. 심지어는 라디오 프로그램의 청취자도 이름이 아니라 전화번호 뒷자리로 소개된다. 한국인들은 왜 그렇게 이름 부르기를 꺼리느냐고 외국 친구가 묻는다. 물론 그것도 존대법 때문이다. 한국에서는 윗사람은 아랫사람을 이름으로 부르지만, 아랫사람은 절대로 윗사람을 이름으로 부를 수 없다. 이름 부르기는 한국어 존대법에서 반말하기와 동격이다. 때로는 이름 부르기가 '너는 내 아래이니 내 말을 들으라'라는 강압의 메시지를 담기도 한다.

한국어 존대법의 서열 나누기는 '이름 부르기'에서부터 시작된다. 한국에서 아랫사람은 윗사람을 이름으로 부를 수 없다. 후배는 선배를 이름으로 부를 수 없고, 학생은 선생을 이름으로 부를 수 없고, 부하는 상관을 이름으로 부를 수 없다. 한국에서 서로 이름을 부를 수 있는 관계는 나이도 같고, 학번도 같은 친구 정도로 제한된다.

이런 이름 부르기 금지 훈련은 태어나면서부터 시작된다. 형은 동생을 이름으로 부르지만, 동생은 형의 이름을 부르지 못하도록 훈련받는다. 그리고 이 원칙은 가족뿐만 아니라 모든 윗사람에게 확대된다.

한국어 존대법과 호칭법은 서로의 관계를 위아래로 나누고 그 서열을 상대에게 확실히 각인하는 가장 기본적인 언어장치이다. 한국인이 이름 부르기를 꺼리는 이유는 누군가를 이름으로 부르면 그 사람과 맞먹거나 하대하는 것이 되기 때문이다.

우리는 라디오에서 청취자를 부를 때에도 이름 대신 전화번호를 사용한다. 미국에서는 "게이더스버그의 마이클의 사연입니다"라고 전한다. 그러나 우리는 "대전의 민혁 씨의 사연입니다"라고 소개하는 대신에 전화번호 뒷자리에 '님'을 붙여서 소개한다.

> 다음은 4989 님께서 보내주신 사연입니다.
>
> 1234 님께서 보내주신 교통정보였습니다.
>
> 7777 님께 사은품을 보내드리겠습니다.

예전에는 군인과 죄수만 번호로 부른다고 생각했었다. 그런데 요즘 라디오에서는 청취자를 번호로 부른다. 이런 호칭을 이상하게 생각하는 사람이 거의 없다는 것이 더 이상한 일이다.

이미 핸드폰을 자신의 분신처럼 생각하게 되었나보다고 해석도 해보고, 익명성을 보장받기 위한 것이라고 해석도 해보지만, 어쨌든 죄수도 아닌 사람을 번호로 부르는 문화가 불편하게 느껴지는 것이 시대의 흐름을 못 따라가는 구세대이기 때문일까?

한국으로 시집온 후 자신의 이름을 잃어버렸다고 느끼는 이마무라 히사미는 자신이 경험한 충격을 다음과 같이 전한다.

> 우리 남편은 나를 보고 한 번도 이름으로 불러 준 적이 없다. 너무나 속상한 일이다. 아이 이름이 연화이기 때문에 나를 연화 엄마도 아니고 "연화야!"라고 필요할 때만 부른다. 아이를 부르고 있는 건지 나를 부르고 있는 건지 너무 헷갈린다. 그때마다 내 이름이 있기 때문에 제발 이름으로 불러 달라고 말하고 싶어진다.
>
> 시골에 계시는 시어머니는 내 이름을 지금도 모르실 것이다. 아마도 시누이들도 모를 것이다. 내가 첫째를 가졌을 때 같이 시어머니랑 병원에 가서 간호사가 며느리 성함이 무엇이냐고 물어봤을 때, "몰라" 하고 대답하셨다. 그때 얼마나 충격을 받았는지 지금도 생생하게 기억하고 있다. 나는 시어머니, 시아버지, 시누이들의 이름을 전부 아는데 한국에서는 며느리는 이름도 없는 존재인 것을 알았다.
>
> 한국에서는 이름을 부르지 않고 호칭으로 부르는 경우가 많다. 일본에서도 호칭은 있지만 한국처럼 다양하지는 않다. 나도 어렸

을 때부터 언니들을 이름으로 불러 왔다. 그리고 우리 엄마도 친 언니를 이름으로 부른다. 또 시집간 언니의 시어머니는 언니를 이름으로 부른다. 게다가 조카딸도 나를 애칭으로 부른다.[12]

이마무라 히사미의 이야기를 들으면서 나는 처음 알았다. 일본에서는 동생이 언니를 이름으로 부르고, 어린 조카딸이 이모를 애칭으로 부를 수 있다는 것을! 한국에서 동생이 형을 '민수야' 하고 불렀다가는 난리가 날 것이다.

남편이 아내의 이름을 부르지 않는 것은 히사미 가족만의 이야기가 아니다. 한국에서 부부 간에 서로 이름을 부르는 경우는 드물다. 서로 이름을 부르면 간단할 텐데 왜 이름을 굳이 부르지 않느냐고 물으면 그 답을 찾기가 어렵다. 한국에서는 동급의 친구나 아랫사람만 이름으로 부르는데, 전통적으로 한국의 남편과 부인의 관계는 동급이 아니고, 그렇다고 아랫급이라고 할 수도 없었기 때문일까?

한국에서 여자들은 결혼해서 아이를 낳는 순간 '아무개'라는 한 개인에서 '○○ 엄마'라는 다른 정체성을 가진 존재로 변신한다. 시어머니는 '○○ 애미야'라고 부르고, 남편의 형제들은 '제수씨'라고 부르고, 동서들은 '작은 동서'라고 부른다. 결혼 후 시댁에서 여자는 '아무개'라는 개인으로 존재하지 않는다. 각각의 가족에게 '누구의 엄마'이거나 '자기 동생의 부인'이거나 '자기 남편의 동생의 부인'으로만 존재한다.

'아무개'와 '누구의 엄마'는 다르다. '아무개'에서 '누구의 엄마'로 변신하면, '누구의 엄마'는 자식을 통해 그 존재를 확인받게 된다. 한국 엄마들이 자식에게 모든 것을 바치는 이유가 '누구의 엄마'로 이해되는 사회관계 속에서 성공한 자식이 있고, 그 자식의 엄마가 되어야 존재 가치를 인정받기 때문이라고 해석하면 너무 비약하는 걸까? 한국 여자들의 자기 찾기는 '누구의 엄마'에서 벗어나 자기 이름 찾기에서 시작되어야 하는 것일지도 모른다.

이름 부르기에 익숙하지 않은 한국인들끼리 상대의 이름을 기억하고 불러 주는 것이 때로는 특별한 의미를 갖기도 한다. 대통령 연설문 비서관이었던 강원국은 노 전 대통령과의 일화를 다음과 같이 들려준다.

> 대통령은 응당 내 이름은 기억하지 못했다. 처음에는 알지도 못했다. 처음 호칭은 '강 국장'이었다. 비서관이 되면서는 그냥 '연설비서관'. 비서관이 되고 2, 3년이 다 되도록 그렇게 불렀다. 그러다가 3년차 어느 날 '강 비서관'이 되었다. 많이 발전한 것이다. '강원국 비서관'이란 이름 전체를 들은 것은 임기 마지막 해였다. 그때 비로소 내 이름을 암기한 것이다. 그러나 그게 끝이 아니다. 대통령은 아주 가깝다고 생각하는 사람에게는 성을 빼고 '○○ 씨'란

호칭을 썼다.

대통령이 서거하기 2개월 전쯤 연설비서관실 행정관들과 함께 찾아뵌 적이 있다. 대통령은 이미 그때 많이 힘들어했다. 우리의 근황을 물어보며 '잘 지내고 있다'는 말에 무척 기뻐했다. 나는 당시 회사 생활을 하고 있었는데, '우리 회사에 대통령님을 좋아하는 젊은 친구들이 많아 덕분에 내가 인기가 좋다'고 말씀드리니 다행이라며 활짝 웃었다. 그리고 이어진 부산지역 교수들과의 만남 자리. 스무 명 가까운 교수들을 앞에 두고 대통령이 서서 얘기하다가 뒤에 앉아 있는 나를 보며 "원국 씨 내 말이 맞지요?" 그러셨다. 내가 대통령에게 처음 들은 '원국 씨'란 호칭이었고, 그것이 대통령과의 마지막 만남이었다.[13]

존대법에서 벗어나서, 누군가를 이름으로 부른다는 것은 상대를 개성을 가진 한 개인으로 인식한다는 뜻이기도 하다. 그리고 서로 평등한 위치에서 개인 대 개인으로 만난다는 뜻이기도 하다. '강 국장'에서 '강원국 비서관'을 거쳐 '원국 씨'가 되었다는 강원국의 글을 읽으면서 또 다른 질문이 생긴다. 우리 모두 서로를 이름으로 부르게 되면 서로가 지닌 각각의 개성에 더 집중하고, 평등한 관계로 서로를 대우하며 사람을 만나게 될까?

5 여섯 살 남자아이가 이해한 존대법의 숨은 뜻

그전까지는 한국인들이 왜 반말, 존댓말 같은 것을 만들어서 사람을 귀찮게 하는지 이해가 안 갔는데, 그 아이의 말을 듣는 순간 나는 어렴풋이나마 존댓말의 오묘한 뜻을 터득한 것 같았다. 언어가 사유를 봉제한다고 하더니, 한국인의 수직 구조가 존댓말의 형식으로도 정형화되고, 동시에 존댓말이 수직 구조를 공고화시키는구나 하고 고개가 끄덕여졌다. 때문에 나는 한국의 억압적인 수직 구조뿐만 아니라 존댓말까지도 미워하게 되었다.[14]

태어나는 순간부터 존대법을 배우는 한국인들은 여섯 살만 되어도 위아래가 정리되지 않으면 견디기 힘들어 한다. 여섯 살 남자아이가 세 살 남자아이의 반말을 용인하지 못하고 주먹을 휘두를 만큼 화가 나는 문화가 한국의 존대 문화이다.

어제 오후에 짱구, 도토리와 형의 애들(5세, 3세 남아들)이 같이 잘 놀다가 (…중략…)

세 살짜리 아이가 갑자기 "앙!" 하고 울음을 터뜨렸고, 그 옆에서 도토리가 씩씩거리며 서 있다. 일단 우는 아이를 어른 네 명이 달려들어 진정시키고, 화난 표정의 짱구 엄마가 도토리를 추궁하자 (…중략…)

"세 살밖에 안 된 게 반말하잖아!!" 하며 자신이 행사한 폭력의 정당성을 주장하는 거다. 싸움으로 발전되는 많은 양상 중 상당수가 반말을 했다는 데서 기인하는데, 이제 여섯 살짜리 도토리조차 반말을 했다는 이유로 발길질을 해대는 판이니 유독 경어에 대한 집착이 강한 게 한국인의 본성은 아닌가 하는 뜬금없는 비약을 하게 된다. 웃기는 건 반말했다고 동생을 패는 도토리가 엄마, 아빠한테 반말했다고 자주 혼나는 녀석이란 거다.[15]

"세 살밖에 안 된 게 반말하잖아!!"라는 여섯 살짜리 항변에 조금 엉뚱하다고 생각하면서도 그럴 수도 있겠거니 하며 허허 웃는 것이 한국 존대 문화의 현주소이다. 쌍둥이도 철저하게 형과 아우로 서열을 구분하는 우리는 태어나는 순간부터 사람의 관계를 위아래로 구분하도록 훈련받는다. 무의식적으로 행해지는 이 훈련은 결국 우리의 잠재의식 속에 모든 인간관계에는 위아래가 있다는 위계 의식을 뿌리 깊이 박아 놓는다. 그리고 언제 어디에서 누구를 만나든 상대와의 관계에서 서열에 민감하도록 만든다. 다섯 살만 되어도 위아래가 정리되지 않으면 말싸움이 시작된다. 그리고 몸싸움으로 번진다.

중국에 간 여섯 살짜리 한국 남자아이가 네 살짜리 중국 아이에게 거는 존댓말 시비는 존대법의 숨은 뜻이 무엇인지를 그대로 보여준다.

한국인 선생님이 부인과 여섯 살짜리 아들과 같이 부임해왔다. 하루는 그 한국 아이와 네 살짜리 중국 아이가 같이 놀면서 하는 말을 들었다. 한국 아이가 중국 아이를 보고 중국말로 "너는 왜 존댓말을 안 쓰냐?" 하고 화를 냈다. 중국말에는 존댓말이 없다. 유일하게 '니(너)'를 높여주는 말 '닌(당신)'이 있는 정도다. 하지만 '닌(당신)'도 열 살 정도 나이 차가 있을 때 쓸 뿐 그리 흔히 쓰지 않는다. 그런데 한국 아이는 바로 중국 아이가 자기를 부를 때 '닌(당신)'이라고 하지 않았다고 화가 난 것이었다. 그때 나는 너무 신기해서 그 한국 아이에게 왜 존댓말을 따지냐고 물었다. "존댓말을 들으면 배가 부르니, 장난감이 생기니?" 그랬더니 그 아이가 정색을 하면서 **"존댓말을 안 쓴다는 건 내 말을 따르겠다는 마음이 없다는 거예요"**라고 대답하는 것이었다.[16]

여섯 살짜리 한국 아이는 네 살짜리 중국 아이에게 존댓말을 하라고 종용한다. 그 아이는 여섯 살에 이미 윗사람에게 바치는 존댓말에는 윗사람의 말에 복종하겠다는 충성 맹세를 포함하고 있다는 것을 깨닫고 있었다. 그리고 그것을 명확하게 설명까지 할 수 있다.

존대법은 모든 인간관계를 위아래로 나누고, 계급에 맞추어 윗사람은 아랫사람에게 반말을 하고 아랫사람은 윗사람에게 존댓말을 하는 동안, 아랫사람은 윗사람을 모시면서 그의 말에 복종하도록 한국인의 정신을 제어하는 극단의 언어 계급주의 장치이다. 단지 모국어 문법 속에 박혀 있어서 한국인들이 의식하지 못할 뿐이다.

여섯 살 남자아이의 깨달음은 존대법이 상명하복을 조장하는 핵심적인 장치라는 것을 여과 없이 보여준다. 존대법에 길들여진 어른들은 존대법의 괴력을 끊임없이 구가하면서도 그 괴력을 의식하지 못할 만큼 존대법에 익숙해져 있는 사이에, 말을 배우는 차세대의 아이들은 존대법 정신을 이어받아 열심히 연마하기 시작한다. 그런데 21세기 글로벌 사회를 살아내야 할 차세대의 아이들이 이 악순환에서 벗어날 수 있을까? 그 방법이 무엇일까? 다시 묻게 된다.

6

동무와 동지의 차이

20세기 공산주의 국가들은 과거의 신분 계급을 없애기 위해 당원끼리 평등 호칭을 사용하도록 호칭법을 개혁했다. 소련은 '캄레이드 comrade'를, 중국은 '동지'를 채택했다. 북한도 1945년 호칭법을 개혁했다. 그런데 북한은 '동무'와 '동지'라는 두 개의 호칭을 채택했다. 이상하다. 다른 모든 공산국가에서는 평등을 강조하기 위해 하나의 호칭만 사용하는데, 왜 북한은 평등 호칭을 두 개나 채택했을까?

프랑스 대혁명(1789) 이후 실시한 여러 가지 혁명 사업 중 하나가 프랑스어에서 존칭을 폐지한 것이었다. 프랑스어에 존대법은 없지만 가까운 사람이 아니면 남자에게는 무슈, 여자에게는 마담이라는 존칭 표현을 썼다. 그런데 혁명 주체들은 이 말을 폐지하고 사람들끼리 '시민'이라는 호칭을 사용하도록 강요했다. 남자에게는 무조건 시투아앵citoyen, 여자에게는 시투아앤 citoyenne이라고 부르게 했는데, 이는 영어의 시민citizen에 해당하는 단어의 남성형과 여성형이다. 당시에 이 말을 안 쓰고 마담이나 무슈라는 말을 썼다가 단두대에서 목을 잘린 사람들도 있었다.[17]

프랑스 대혁명은 세계의 시민 혁명과 호칭법 개혁에 많은 영향을 미쳤다. 소련에서 공산당원들끼리 '캄레이드'라고 부르고, 중국에서는 '동지'라고 부르게 된 것도 그 영향이었다. 북한도 호칭법을 개혁했다.

평등 호칭은 위아래의 계급을 없애고 모든 사람이 평등하다는 것을 주입시키기 위한 가장 효과적인 방법의 하나다. 이를 위해 다른 국가들에서는 모든 사람이 동등하게 하나의 호칭을 사용한다. 그런데 북한은 유독 두 개의 호칭을 채택했다. 사람은 게으른 속성이 있어서 똑같은 것을 표시하는데 두 가지 다른 단어를 사용하지 않는다. 글자나 발음이 다르다는 것은 무엇인가 차이가 있다는 뜻이다. 그렇다면 '동무'와 '동지'는 어떤 차이가 있는 것일까? 물론 '동무'는 순수 한국어이고, '동지'는 한자어이다. 그 외에 다른 점은 무엇인가?

'동무'와 '동지'를 아무에게나 사용할 수 있는 것일까? '김일성 동무'와 '김일성 동지'가 모두 사용 가능할까? 아니다. 북한에서 김일성은 반드시 '동지'라고 불러야 하며, 절대로 '동무'라고 부를 수 없다.

> 위대한 수령 **김일성 동무** (✕)
>
> 위대한 수령 **김일성 동지** (◯)

김일성에게 뿐만 아니라 자기보다 높은 대장에게 말할 때도 '동지'라고 부르며, '동무'라고 부르지 못한다.

대장 동무 함께 가자요! (×)

대장 동지 함께 가자요! (○)

북한에서 '동무'와 '동지'는 공산당원끼리 사용한다는 점은 같다. 그러나 당원 간의 계급에 따라 그 용법이 다르다. '동지'는 자신보다 직책이 높은 사람을 부를 때, '동무'는 자신보다 낮은 사람을 부를 때 사용한다. '동지'와 '동무'를 평등 호칭으로 도입했지만, 새로 형성된 공산당원 간의 계급에 따라 위아래를 구분하여 '동지'와 '동무'를 차별적으로 사용하면서 다시 계급 호칭에서 벗어나지 못하는 한계를 보인다.

북한은 '국도'를 '나랏길'로 '공생'을 '함께살이'로 수정하는 어휘 순화에서부터 호칭법 개혁까지 언어 정책에 많은 노력을 들였다. 그러나 이런 의식적인 노력에도 불구하고 순수 한국어인 '동무'를 하칭어로 한자어인 '동지'를 존칭어로 채택한 것을 보면서 잠재의식 속에 흐르는 문화의 관성력이 얼마나 큰 것인가를 다시금 생각하게 된다.

그러나 무엇보다 다른 나라에서는 한 개로 통합된 평등 호칭이 북한에 들어오면서 '동지'와 '동무'라는 존칭어와 하칭어의 계급 호칭으로 변질되는 것을 보면서, 한국어 속에 잠재한 존대법의 관성이 얼마나 끈질긴 것인지, 한국인의 잠재의식에 박혀있는 존대법의 서열 의식이 얼마나 강력한 것인지 다시 한번 확인하게 된다.

7 외국인에게 한국어 존대법이 어려운 진짜 이유

한국어를 배우는 외국인들에게 무엇이 가장 어렵냐고 물으면 예외 없이 존대법이라고 대답한다. 그리고 존대법이 정말 어렵다고 외국인들이 말하면 많은 한국인은 마음속으로 살짝 흐뭇해한다. 외국인들이 어려워하는 한국어를 잘하는 자신이 자랑스럽기까지 하다. 그러나 한국인들은 한국어 존대법에서 외국인들이 정말로 어려워하는 것이 무엇인지 모른다.

라파엘 아바솔로Rafael Abasoio 신부는 언어학을 전공하고 한국에 거주하면서 오랫동안 한국어를 연구한 한국어 전문가였다. 그는 '서양인이 본 한국어 경어법'이라는 논문에서 한국어 존대법이 어려운 이유에 대해 다음과 같이 설명했다.

> 무엇보다 먼저 이야기하고 싶은 것은 경어법이 처음 보기보다는 훨씬 더 복잡하다는 점이다. 경어법은 문법상으로는 어렵지 않다고 하더라도 일상생활에서 실천하기는 보통 어려운 문제가 아니다. (…중략…)
>
> 동사 어간에 선어말 어미인 '-시-'를 붙이거나, 명사에 '-님/-

님께/-님께서'를 붙이거나 하는 것은 별문제가 아니지만, 인간으로서 기본적인 것들인 '먹고, 자고, 살고, 말하고, 아프고, 늙고' 하는 것들처럼 빈번히 쓰이는 낱말들이 높임말과 낮춤말로 등분되니 야단이다.

뿐만 아니라, 상대 높임법의 덕택으로 상대와의 관계에 따라서 여섯 가지 대우 방식을 구별하는 것도 절대로 잊어서는 안 된다. 결국 경어법은 외국인으로 하여금 혼동케 만든다. (…중략…)

상대방을 존경하는 것만으로 충분하지 않다. 말하는 상대와 상황에 따라 마땅한 높임이 무엇인지 또 그것은 어떤 말로 표현해야 하는가를 알아야 하는데, 무슨 기준으로 그것을 알 수 있을까? 참작해야 할 사회적 요인이 많아서 그 질문에 응답하기는 어렵다.[18]

아바솔로는 존대법이 문법상으로는 어렵지 않다고 겸손하게 말했지만, 한국어를 배우는 외국인들에게 명사에 '님/님께/님께서'를 붙이는 동시에, 그와 상응하게 동사에 '-시-'를 붙이는 문법 규칙 자체만으로도 존대법은 이미 어렵다.

아바솔로는 존대 문법에 덧붙여 아랫사람은 '먹고', '자고', '말하고', '아프고', '늙고', '죽고' 하지만, 윗사람은 '잡수시고', '주무시고', '말씀하시고', '편찮으시고', '연로하시고', '돌아가시고' 하는 차별을 해야 할 때가 되면 존대법이 어려워진다고 말한다.

그러나 이것이 끝이 아니다. 아바솔로는 존대법이 어려운 진짜 이유는 존대법이 모든 사람을 그냥 존경하는 것이 아니기 때문이라고 말한다. 존대법은 상대와 상황에 따라서 상대방을 어느 정도 존대할지 아니면 하대할지 결정해야 하는데, 그 존대의 복잡한 기준을 이해하는 것이 너무 어렵다고 말한다.

아바솔로는 한국식 존대 예절에 대해 계속 질문을 던진다. 존대법에서 강조하는 예절은 사람 관계에 위아래가 있으며, 아랫사람이 윗사람에게 존경을 드리는 것을 전제로 하는 것인데, 사람을 위아래로 나누는 존대의 기준이 무엇이냐고 질문한다.

> 유교사상을 이해하지 않고는 한국어 경어법을 이해하기 어렵다고 생각한다. 조선조 시대에 들어온 공자와 주희의 철학은 1392년부터 오늘날에 이르기까지 그 영향이 지대하다. 공자가 가르친 'Li'라는 '예'는 한국어 경어법과 특별히 밀접한 관계가 있다고 본다. 사회의 안정을 소중히 여기고 이를 실현하려고 노력했던 공자는 서로 존경하는 것을 필수적인 것으로 생각했고, 각자 자기와 남의 지위를 알고 받아들이는 것을 덕행으로 간주했다. **이 모든 것이 아주 좋은 것 같지만 문제점이 있다. 예를 들어서, 상대에게 존경을 드려야 하는데 왜 그래야 하는가? 존경할 것은 무엇인가? 상대방의 존엄성일 것이다. 그러나 또 묻지 않을 수 없다. 그 존엄성은 어디에서 나오는가? 각자가 원래 타고나는 것인가 아니면 각자의 능력과 교육을 통하여 사회적으로 인정받아야만 비로소 존엄성을 갖게 되는가?**[19]

그러나 아비솔로처럼 질문이 많으면 한국어를 잘하기 힘들다.

한국어를 잘하려면 존대법을 잘 활용해야 한다. 그리고 존댓말을 잘 하려면 제일 먼저 사람과의 관계에서 위아래 서열이 있다는 것을 받아들여야 한다. 이때 21세기 민주사회에서 어떻게 사람과 사람 사이에 위아래가 있냐고 물으면 안 된다. 존대법은 기본 전제가 사람 관계를 위아래로 나누고 누구를 만나든 서열에 따라 높으면 존대를 하고 낮으면 하대를 하는 것이기 때문이다.

둘째, 존댓말을 잘하려면 존대 계급을 나누는 기준을 배워야 한다. 한국에서는 나이가 많으면 먼저 태어났으니까 윗사람이다. 학교를 한 해 먼저 들어왔으면 선배니까 윗사람이다. 직급이 한 급이라도 높으면 직급이 높으니까 윗사람이다. 교수는 학생보다 윗사람이다. 그 외에도 윗사람이 되는 기준이 많다. 이때 어떻게 한 해 먼저 태어난 것이 존대받을 이유이며, 학교에 일찍 들어간 것이 존대받을 기준이 되냐고 질문하면 안 된다. 우리도 대답하기 어려운 질문이므로. 요즘은 한국 젊은이들도 이런 기준을 의심한다. 그러나 한국의 젊은이들조차 여전히 이 기준에서 벗어나지 못하고 있는 것이 현실이다.

셋째, 존댓말을 잘하려면 사람을 만날 때마다 상대와 비교하여 자신의 높낮이가 어느 정도인지를 순간적으로 파악해야 한다. 물론 이때 여러 가지 존대 기준을 동시에 적용한다. 이 기준들이 충돌하면 어떻게 하느냐고 물으면 안 된다. 나이가 어린데 학번이 빠르거나, 나이는 많은데 직급이 낮을 때 누가 높은 것이냐고 물으면 안 된다. 우리들조차 존대 기준들이 상충할 때 무엇이 더 중요한 기준인가에 대해 생각이 다르고, 그래서 싸움도 나고 살인도 일어나니까. 존댓말을 잘하려면 어떤 기준을 적용할지를 직감으로 판단하고 그 판단에 따라 곧바로 존대나 하대를 해야 한다.

외국인들에게 존대법이 어려운 진짜 이유는 오늘의 한국인들에게 존대법이 어려운 이유와 똑같다. 아바솔로뿐만 아니라 오늘의 젊은이들도 의심한다. 단지 생년월일이 빠르다는 이유로, 학번이 빠르다는 이유로, 직급이 높다는 이유로 상대에게 존경을 드려야 한다는데 왜 그래야 하는가? 그것이 존대하고 존대받을 진정한 이유가 되는가? 우리가 존대해야 하는 것은 인간으로서의 존엄성이 아닌가? 그런데 그 존엄성은 어디에서 오는가? 모든 인간은 존엄성을 가지고 태어나는 것이 아닌가?

외국인으로서 존대법을 이해하는 것은 거의 불가능하다고 말하면서도, 아바솔로는 덧붙여 말한다. 존대법이 아무리 어렵더라도 한국인에게서 배울 것이 있다면 외국인들은 존대법을 받아들이기도 하고, 존대법을 배우는 것에 보람을 느낄 것이라고.

> 필자와 같은 외국인이 한국에서 배울 것이 많다. 상대방의 마음 상태에 대한 인식 또 상대방이 스스로 느끼는 존엄성에 대한 감수

성 등 '눈치'라는 개념에 내포된 그 귀한 지식이 그 가운데 한 가지이다. 또한, 경어법이 가르치는 사회에 대한 책임감도 배울 만한 것이라고 생각한다. **한국인들과 외국인들이 거울을 보듯이 참으로 서로 터놓고 볼 수 있다면 서로 자기의 빛과 어두움을 보게 될 것이다.**[20]

외국인들에게 한국어 존대법이 어려운 진짜 이유는 복잡한 존대 문법 때문이 아니라, 이해하기 어려운 기준들을 근거로 사람들을 위아래로 나누고, 그 서열에 따라 사람을 차별하는 존대법에 내재된 계급주의적 인간관 때문이다. 외국인들이 쏟아내는 질문을 받으면서 다시 묻게 된다. 21세기 대한민국에서 우리가 정말 존대하고 존중해야 하는 것은 무엇인가?

8

서양인의 눈에 비친 한국어 존대법의 파괴력

1997년 8월 5일 새벽 1시 42분, 대한항공 801편이 괌 공항 주변의 야산에 추락했다. 254명의 탑승객 중 228명이 사망했고, 당시 18,000원이었던 대한항공의 주가는 3,400원까지 급락했다.
글래드웰은 KAL기 사고의 원인은 하급자는 상관의 지시에 무조건 따라야 한다는 문화적 관습이 당시 대한항공의 조종석을 지배하고 있었기 때문이라고 했다. 그리고 엄격한 상하 위계질서를 요구하는 한국 문화 뒤에는 전 세계에서 가장 정교하게 발달한 한국어 존대법이 있다고 지적했다.

그날 나는 언제나처럼 TV 채널을 돌리며 새로운 소식을 기웃거리고 있었다. 지나가던 채널에서 들리는 '코리아'라는 단어에 반사적으로 멈추었다. 화면에는 '언어가 비행기를 추락시킬 수 있는가?'라는 자막이 보였다. 기자들은 제목을 잘도 뽑는다. 제목만으로도 시청자의 호기심을 끌기에 충분했다. 그런데 파리드 자카리아Fareed Zakaria 앵커의 질문은 더욱 자극적이었다. 그는 "한국인들은 비행사가 될 능력이 매우 부족한 민족이라고 했는데, 그게 무슨 뜻이냐?"라고 글래드웰에게 질문했다.

말콤 글래드웰Malcolm Gladwell의 대답은 다음과 같았다.

비행기 조종술만 좋다고 훌륭한 조종사가 되는 것이 아니에요. 대부분의 비행기 사고는 기장과 부기장 간의 의사소통이 원활하지 못할 때 일어나요. 비상사태가 발생했을 때 문제 해결을 위해서는 두 조종사가 서로의 판단을 솔직하게 교환해야 하는데, 솔직한 의견 교환에 실패하는 거죠. 어떤 문화권에서는 하급자가 상관에게 위기 상황에 대해 훨씬 쉽게 숨김없이 터놓고 사실대로 자신의 의견을 말할 수 있어요. 반면에 위아래 서열을 중요시하는 문화권에서는 그러기가 어렵죠. 한국은 공교롭게 서열을 매우 중요시하는 문화예요. 실제로 한국어는 언어구조 전체가 윗사람을 어떻게 대접해주어야 하느냐의 문제에 얽혀 있어요. 한국어 존대법이 99%의 경우는 아름답고 훌륭한 것일지 모르지만 비행기 조종석에서는 문제를 발생시키지요.[21]

나는 외국인들이 한국어 존대법에 관해 이야기하는 것을 자주 들었다. 그들의 이야기는 대부분 존대법이 너무 어렵다는 불평 정도였다. 그런데 글래드웰은 한국어 존대 문화가 조종사들의 언어불통을 야기하는 큰 원인이며, 그런 의미에서 한국어 존대법이 비행기 추락을 가져올 수 있다고 단언적으로 말했다.

글래드웰은 『포천』지와의 인터뷰에서 대한항공은 1980~1990년대 사이에 전 세계에서 항공기 사고가 가장 잦았던 항공사라고 지적하면서, 항공기 사고와 한국의 서열 문화는 밀접한 관계가 있다고 말했다.

> 대한항공은 1990년대 말 일정 기간 전 세계에서 비행기 사고를 가장 많이 일으킨 항공사 중 하나입니다. 우리가 항공기 사고에 대해 생각할 때, 비행기가 오래 되었겠구나 하고 생각하지요. 틀림없이 훈련이 잘되지 않은 비행사들이 항공기를 운항했겠구나 하고 생각하지요. 아닙니다. 항공사에서 해결해야 하는 문제는 문화적 유물입니다. **즉 한국 문화는 계급적이라는 전통을 가지고 있다는 것입니다. 한국인들은 자기보다 나이가 많은 사람이나 상관에 대해 공손해야 하는데 미국에서는 상상할 수 없을 정도의 방법으로 예의를 표해야 합니다.**[22]

글래드웰은 그의 베스트셀러 『아웃라이어』에서 항공기 추락 사고와 민족의 문화 사이에는 깊은 상관관계가 있다는 비행기 추락의 민족 이론을 내놓았다. 그는 미국처럼 서열을 따지지 않는 언어 문화는 평등한 대화를 가능하게 하지만, 서열을 엄격하게 따지는 문화는 위기의 순간에 아랫사람이 윗사람에게 자기 생각을 솔직하고 정확하게 말하지 못하게 만드는 폭탄이 된다고 했다.

그러면서 글래드웰은 한국의 서열 문화의 특징을 보여주는 핵심 증거로 한국어 존대법을 지적했다.

> 한국어에는 말하는 이와 듣는 이 사이의 관계를 반영해 적용되

언어가 비행기를 추락시킬 수 있을까?[23]

는 복잡한 경어체계가 있다. 아주 낮춤(해라), 예사 낮춤(하게), 예사 높임(하오), 아주높임(하십시오) 등이 그것이다. 기장에게 말할 때, 부기장은 이들 중 적절한 표현을 찾기 위해 고심하지 않을 수 없다. 이는 대화 상대방과의 관계에 엄청난 주의를 기울여야 하는 문화를 바탕에 두고 있다.[24]

그는 한국인들은 말을 할 때 교환해야 할 정보의 내용보다 상대방을 얼마나 존대해야 하는가의 문제에 너무 많은 신경을 써야 하는 존대 문법을 가지고 있으며, 이것이 한국의 엄격한 서열 문화를 강화하는 기반이 된다고 일침 했다.

2011년 일본의 후쿠시마 원전사고가 일어났을 때, 글래드웰의 문화이론과 같은 맥락에서 사고의 원인을 일본의 문화적 특성에서 찾기도 했다. 동경대학의 기요시 구로가와 명예교수는 후쿠시마 원전사고 보고서 작성의 책임자였다. 그는 보고서 서문에서 후쿠시마 원전의 잘못된 안전 조치와 쓰나미에 대한 준비 부족 뒤에는 일본의 문화적 특성이 있다고 말했다. 그는 후쿠시마 원전 붕괴의 중심에는 일본인들의 부적절한 복종 문화와 윗사람에게 질문하고 도전하는 것을 꺼리는 일본의 뿌리 깊은 관습들이 있다고 지적했다.[25] 일본어도 한국어만큼 발달한 것은 아니지만 존대법을 가지고 있다.

한국의 존대 문화가 비행기 추락에 영향을 미칠까?[26]

글래드웰이 비행기 추락의 민족 이론을 내놓은 지 5년 후에 아시아나 항공기 추락사고가 또 일어났다. 2013년 7월 아시아나 항공기가 샌프란시스코 비행장에 불시착하는 사고로 307명의 탑승객 중 180여 명이 다쳤다. CNN을 포함한 미국의 주요 언론들은 한국 비행기의 추락 사고를 특보로 전하며, 이런 희귀한 사건이 한국 항공사에서 또 일어나는 것이 정말 한국 문화에 문제가 있기 때문인가를 다시 물었다. 『내셔널지오그래픽National Geographic』의 기사(2013.7.13) 제목은 「글래드웰의 조종석 문화 이론이 아시아나 항공기 사고에 적용될 수 있을까?Could Mal-colm Gladwell's Theory of Cockpit Culture Apply to Asiana Crash?」였다. 글래드웰의 항공기 사고에 대한 문화주의가 다시 한번 주목을 받으며 논란이 분분해졌다.

비행기 추락 사고나 원전 사고와 같은 대형 사고를 문화주의로 설명하는 태도에 대해 찬성과 반대의 관점이 있다. 하지만 한국어의 정교한 존대법이 말 한마디 한마디에서부터 윗사람과 아랫사람을 구분하는 문화를 만드는 핵심요소가 되는 것이 사실이다. 말로 상하가 구분되는 사회에서 아랫사람이 윗사람의 말을 공손히 듣는 것이 예의이다. 아랫사람이 윗사람에게 질문하기 어렵고, 아랫사람이 윗사람의 의견에 반대하기는 더욱 어렵게 만든다. 존대법은 상명하달식의 의사소통 구조를 굳히고, 윗사람이 말하는 것에 대해 질문이나 반론 없이 그대로 진행하는 일방적인 커뮤니케이션 사회를 만든다.

말콤 글래드웰의 눈에 비친 한국어 존대법은 윗사람에 대한 존경과 예의를 표현하기 위한 미덕이 아니었다. 그에게 비친 한국어 존대법은 21세기 글로벌 시대에 한국의 서열 문화를 조장하는 극단의 장치였다. 그리고 그 서열 문화는 위기상황에서 여러 사람의 판단력과 협력이 필요할 때 각자 가지고 있는 중요한 정보와 정확한 판단을 교환하여 문제의 해결책을 찾는 것을 방해하는 가장 큰 걸림돌이었다. 글래드웰의 진단은 2000년을 내려온 한국어 존대법이 21세기 글로벌 사회에 얼마나 적합한 것인지 의심의 눈초리로 다시 살펴보게 만들기에 충분했다.

한국어 성경의 예수 존대 딜레마

예수가 백성들에게 어떤 말투를 사용했겠는가를 결정하는 문제는 문법의 문제가 아니다. 이는 예수와 성경 속의 인물들 그리고 지금 성경을 읽고 있는 사람들의 관계를 어떻게 이해하느냐 하는 믿음의 문제이자 인간관의 문제이다. 혹자는 말한다. 예수는 하나님의 아들이며 지존의 존재이다. 그러니 다른 모든 이는 그의 아래에 있으며 따라서 예수는 누구에게든 말을 놓아 '해라'로 말하는 것이 옳다. 또 다른 사람은 아니라고 말한다. 예수는 가장 높은 분이지만 당신 자신을 종처럼 낮추어 섬기는 삶을 산 온유하고 자비로운 분이다. 그런 예수가 모든 이에게 반말을 하면 교만하고 무례한 사람으로 느껴질 수 있다. 예수는 사랑으로 모든 이의 인격을 존중하여 '하시오'라고 말했을 것이다.

I

한국어 성경의 존대법 갈등

구약성서의 원문은 히브리어이고, 신약성서의 원문은 그리스어이다. 두 언어에는 존대법이 없다. 따라서 2000년 전 예수는 성경 속의 모든 사람과 평등한 언어로 대화하며 복음을 전했다.
『공동번역 신약성서』(1971)에서 예수는 모든 사람을 존대하여, '하시오'로 말한다. 반대로 『공동번역 성서 개정판』(1999)에서는 모든 사람에게 '해라'로 반말을 한다. 그러나 어떤 어투를 사용해도 그 반대의 생각을 가진 사람들에게는 예수의 어투가 부적절하게 느껴진다. 그래서 성경 번역본이 새로 나올 때마다 존댓말과 반말이 주기적으로 반복되는 형편이다. 그러나 그 어떤 어투도 예수의 어투는 아니다. 예수는 존댓말이나 반말을 한 적이 없다.

총독 빌라도가 예수를 심문할 때, 영어 성경에서 예수와 빌라도는 한 가지 방법으로 말한다. 예수와 빌라도는 서로를 'you'라고 부른다.

빌라도 Are you the king of the Jews?

예수 Does this question come from you? (요한 18 : 33~34)

그러나 한국어 성경에서는 이 두 사람이 여러 가지 다른 방법으로 말한다. 『공동번역 신약성서』에서는 두 사람이 서로를 '당신'이라고 부르며 존댓말을 한다.

빌라도 **당신이** 유대인의 **왕이요?**

예수 그 말이 **당신** 생각에서 나온 **것입니까?** (1971)

예수와 빌라도는 서로에게 왜 존댓말을 했을까? 빌라도의 존댓말은 그가 마음속으로 예수를 두려워하고 있음을 보여주고, 예수의 존댓말은 예수가 잘잘못과 관계없이 모든 사람을 존중해주는 사람임을 보여주기 위한 것일까?

그러나 28년의 간격을 두고 『공동번역 성서 개정판』에서는 예수와 빌라도가 서로를 '너'라고 부르며 완전히 다른 태도로 대화를 한다.

빌라도 **네가** 유다인의 **왕인가?**

예수 그것은 **네 말이냐?** (1999)

예수와 빌라도는 서로에게 하대한다. 이들은 왜 서로에게 반말을 할까? 빌라도의 반말은 총독으로서의 권위를 내세우고, 예수의 반말은 빌라도의 어리석음을 힐책하고 있음을 보여주기 위한 말투일까?

그 후 2005년 『성경』에서는 두 사람의 어투가 또 바뀐다.

빌라도 **당신이** 유다인들의 **임금이요?**

예수 그것은 네 생각으로 하는 **말이냐?** (2005)

이번에는 빌라도는 예수를 '당신'으로 존대하며 조심스럽게 심문한다. 반면에 예수는 빌라도를 '너'라고 지칭하며 반말로 응대한다. 변화된 두 사람의 존대법은 예수가 빌라도보다 절대적으로 높은 위치에 있다고 전한다. 빌라도는 예수를 두려워하고, 예수는 빌라도의 무지를 꾸짖고 있는 것일까?

2000년 전 예수는 총독이나 제자나 일반 백성이나 사탄에게까지 똑같은 높이의 언어로 말했다. 복음서 저자들도 평등한 언어로 예수의 말을 전했다. 그리고 지금도 영어 성경을 읽는 사람들은 평등한 언어의 대화를 듣는다. 하지만 한국어 성경을 읽는 우리는 성경본에 따라 완전히 다른 어투의 대화를 듣는다.

성경 속의 존대법은 우리에게 전혀 다른 예수의 모습을 전달한다. 그런데 이 중에서 어떤 것이 예수의 진정한 모습일까?

한국어 존대법은 한국인들이 다른 민족과는 다르게 예수의 마음에 대해 좀 더 근본적인 질문을 하게 만든다. 우리는 유대인이나 미국인은 하지 않는 질문을 해야만 한다. 예수가 백성에게 어떻게 말하는 것이 옳은 일인가? 2000년 전 예수는 모든 이를 어떤 마음으로, 어느 높이로 대했을까? 예수는 자신을 어느 정도로 높다고 생각했을까?

2 반말하는 예수

한국인들은 성경을 읽으며 예수가 반말을 하는지 존댓말을 하는지 거의 의식하지 못한다. 그러나 예수의 말투에서 자신의 생각과 다른 모습을 만나게 되면 존댓말과 반말의 갈등이 의식 위로 떠오른다.

일반적으로 한국 교수들은 제자에게 존댓말을 하지 않는다. 그런데 예수는 제자들에게 어떻게 말했을까? 갈릴래아 호숫가에서 그물을 던지고 있는 시몬과 안드레아 형제를 처음 보았을 때, 예수는 그들에게 반말을 하거나 존댓말을 하지 않았으며 단지 다음과 같이 말했다.

> Come with me, and I will teach you to catch men. (마태오 4 : 19)

그러나 한국어 성경에는 제자에게 존댓말 하는 예수와 반말하는 예수가 각각 따로 존재한다.

> 나를 따라오시오. 내가 당신들을 사람 낚는 어부로 만들겠소. (1971)

나를 따라오너라. 내가 너희를 사람 낚는 어부로 만들겠다. (2005)

여러분에게는 두 가지 버전의 예수 말 중에서 어떤 것이 더 적절하게 느껴지는가? 『공동번역 신약성서』 속의 예수는 제자들을 '당신'이라고 부르며 '하시오'로 높여주는, 제자들에게 존댓말을 하는 스승이다. 반면에 『성경』 속의 예수는 시몬과 안드레아를 처음 본 순간부터 '너희'라고 부르며 '해라'로 명령하는, 제자들에게 반말하는 스승이다.

예수의 부활 후에도 『공동번역 신약성서』에서는 시종일관 제자들에게 존댓말을 하며 제자들에게 자신의 말을 따를 것을 권유한다. 반면에 『공동번역 성서 개정판』에서는 제자들에게 똑같은 내용을 반말로 명령한다.

내가 **당신들에게** 명한 모든 것을 지키도록 **가르치시오**. 나는 세상 끝날까지 항상 **당신들과** 함께 **있겠습니다**. (1971)

내가 **너희에게** 명한 모든 것을 지키도록 **가르쳐라**. 내가 세상 끝날까지 항상 **너희와** 함께 **있겠다**. (1999)

제자에게까지 존댓말을 하는 예수는 온유하고 겸손하며, 나이나 지위에 상관없이 모든 사람을 존중해주었다고 느끼게 한다. 반면에 누구에게나 반말을 하는 예수는 세상에서 가장 윗자리에 있는 분이며, 제자가 스승의 말에 복종하고 자녀가 부모의 말에 복종하는 것처럼 예수의 명령에 복종하게 만드는 힘을 느끼게 한다.

한국인들은 성경을 읽으며 예수가 존댓말을 하는지 반말을 하는지 거의 의식하지 못한다. 단지 존댓말 성경을 읽는 사람은 무의식중에 온유하고 겸손한 예수를 경험하게 되고 반말 성경을 읽는 사람들은 권위와 위엄이 있는 예수를 경험하게 될 뿐이다. 우리는 예수의 말투가 자신이 생각하는 예수상과 일치할 때에는 예수의 말투가 존댓말인지 반말인지 의식하지 못한다. 그러나 예수의 말투가 자신의 생각과 다른 모습의 예수를 나타내면 존댓말과 반말의 갈등이 곧바로 의식 위로 떠오른다.

호인수 신부는 현재 천주교에서 사용하는 『성경』에 대해서 다음과 같이 우려한다.

> 읽기, 듣기가 다 민망하고 거슬리는 걸 오래도 참고 견뎌왔다. 다름 아닌 하느님의 말씀, 성경 이야기다. 단도직입적으로 이야기하자. 미사 때마다 지난 2005년 3월 한국천주교주교회의에서 펴낸 『성경』을 봉독하면서 느끼는 감정은 한 마디로 "이건 아니다!" 이다. 시도 때도 없이 해대는 예수의 '반말지거리'가 그 이유다. 어려운 번역작업에 종사한 분들의 노고를 십분 감안하더라도 이해

가 안 된다. 서양말엔 존댓말 반말이 따로 없으니 별 문제가 되지 않겠지만 우리말은 그게 아니다. 아니, 그래서는 안 된다. 어쩌자고 2005년 '성경'은 예수를 이렇게까지 아무한테나 반말하는 버릇없는 사내로 격하시켜 놓았을까?

1971년, 우리나라에 처음으로 신구교 『공동번역 신약성서』(대한성서공회 발행)가 나왔을 때는 안 그랬다. 예수를 포함한 성서 속의 인물들은 모두 깍듯이 존대를 했다. 그런데 어쩐 일인지 6년 후에 구약을 합쳐서 나온 『공동번역 성서』는 예수의 존댓말을 모조리 반말로 고쳐 쓴다. 그런 와중에 1991년 분도출판사에서 『200주년 신약성서』 보급판이, 1998년에는 개정보급판이 나오는데 여기에서 예수는 '오랜만에'(1977년 이후) 누구에게나 공대하는 인물로 등장한다. 그런데도 교회는 줄곧 모든 전례 안에서 『200주년 신약성서』를 제쳐두고 예수가 반말하는 『공동번역 성서』를 사용하다가 지난 2005년 주교회의 춘계정기총회에서 새 『성경』을 한국교회 공용으로 내놓게 된다.

예수의 반말이야말로 권위의 상징이라고 믿는 이들이 새 『성경』에서 예수를 왜곡되게 이해하도록 만든 장본인이라면, 그들의 사고는 애어른 할 것 없이 모든 본당 교우들에게 반말하는 일부 사제들의 권위주의적인 태도와도 결코 무관하지 않을 터다.[1]

호신부의 말처럼 반말하는 예수의 문제는 반말하는 목회자의 문제와 무관하지 않다. 예수의 권위를 빌려 심한 반말로 마음 약한 신도들을 강압하는 사례는 존대법이 있는 나라에서만 가능한 일이다. 꼬리에 꼬리를 물고 또 다른 한편으로 드는 의문은 이렇다. 존대법이 없는 성경을 읽는 사람들이 예수의 어투 대신에 예수가 백성들에게 진정으로 전하고자 했던 메시지가 무엇인가에 더 집중하고 사색하는 동안 한국의 기독교인들은 예수의 메시지보다 예수의 말투에 더 얽매이게 되는 것은 아닌가?

3 예수와 당신이 한국어로 대화한다면

반말하는 예수와 존댓말 하는 예수의 갈등은 단지 성경 번역자들만의 문제가 아니다. 또한, 성경 속의 이야기는 단지 2000년 전 과거의 이야기가 아니다. 여러분이 기독교 신자이든 아니든 간에 상관없이 성경을 읽는 동안 예수는 현재의 여러분에게 말하고 권유하며 명령한다. 성경 이야기는 2000년 전 유대인의 이야기일 뿐만 아니라, 21세기를 살아가는 현재 우리의 이야기이기도 하다.
만약 오늘 예수가 여러분과 한국어로 대화한다면 여러분은 예수가 여러분에게 반말을 해주기를 바라는가, 존댓말을 해주기를 바라는가? 또 여러분은 예수를 얼마나 높여드리고 자기 자신을 얼마나 낮추어야 한다고 생각하는가?

예수는 갈릴래아 사람들에게 다음과 같이 말했다.

Turn away from your sins, because the Kingdom of heaven is near! (마태오 4 : 17)

이 말은 예수가 2000년 전 갈릴래아 사람들에게 한 말인 동시에 지금 성경을 읽고 있는 여러분에게 하는 말이기도 하다.

여러분에게는 예수의 말이 어떻게 들리는가? 우리에게 이 말은 최소한 두 가지 다른 버전으로 전달된다.

회개하시오. 하늘나라가 가까이 **왔습니다.** (1971)
회개하여라. 하늘나라가 가까이 **왔다.** (2005)

『공동번역 신약성서』의 예수는 우리에게 존댓말로 권유하고, 『성경』의 예수는 반말로 명령한다. 여러분은 예수의 말 중에서 어떤 말이 더 편하고 친근하게 들리는가? 예수의 존댓말이 적절하다고 느껴지는가, 반말이 적절하다고 느껴지는가?

이와 비슷하게 예수가 중풍 환자에게 건넨 말도 여러분에게 하는 말이기도 하다.

My son! Your sins are forgiven. (마르코 2 : 5)

당신의 죄는 용서를 **받았소.** (1971)
너는 죄를 용서**받았다.** (1999)

이 대화를 들으며 이제 여러분 스스로 자신의 마음을 확인해 볼 차례이다. 예수가 존댓말로 당신의 죄를 용서해줄 때 진정으로 용서받았다는 위안과 은총의 느낌을 받는가, 아니면 예수가 반말로 용서받았음을 확인해줄 때 더 강하게 은혜를 받았다는 느낌이 드는가?

오늘 여러분이 예수를 만난다면 여러분은 예수가 존댓말로 존중해주기를 바라는가, 아니면 권위를 가지고 반말로 대해주는 것이 마땅하다고 생각하는가? 만약 당신이 독실한 신자라면, 예수님을 다른 어떤 존재보다 높으신 분으로 생각하고 예수가 "용기를 내어라, 네 믿음이 너를 구원하였다"(마태오 9 : 22)라고 하는 말이 더 힘 있게 다가오고 경외심이 생길 수도 있다. 반면에 당신이 예수와 성경에 익숙하지 않은 사람이라면, "용기를 내시오. 당신의 믿음이 당신을 구원하였소"라고 존댓말로 권유할 때 예수를 더 따듯하고 가깝게 느끼며 성경 이야기에 더 귀 기울이고 더 쉽게 받아들일 수도 있다.

이것이 한국어 성경이 가지고 있는 딜레마이다. 독실한 기독교 신자가 느끼는 예수의 높이와 신자가 아닌 사람이 생각하는 예수의 높이가 다르다. 각각의 사람들은 자신의 믿음에 따라 어떤 사람은 예수가 자신에게 반말을 해주기를 바라고, 어떤 사람은 존댓말을 해주기를 바란다. 이럴 때 누구의 눈높이에 맞추어 예수의 어투를 결정해야 하는 것일까?

4

영어 성경과 한국어 성경의 차이

대부분의 한국인은 성경을 읽으며 예수가 왜 존댓말을 하는지, 왜 반말을 하는지 반문하지 않는다. 그러나 끊임없이 '하시오'로 권유하는 성경으로 예수를 만나는 사람과 '해라'로 명령하는 성경으로 예수를 만나는 사람은 무의식중에 각각 다른 색깔의 안경을 쓰고 예수를 경험하게 된다. 그런데 그 안경의 색깔은 누가 결정하는가? 여러분인가? 아니다. 성경 번역자가 결정한다.

성서 원본이나 영어 성경에서 예수와 제자들은 언어적으로 평등하다. 로마 총독에서부터 세리까지 여자와 남자도 차별 없이 가난한 사람들과 나병 환자까지 모두 예수와 똑같은 언어 높이에서 질문하고 답한다. 예수 시대에서부터 오늘날까지 세계인들은 예수의 말투가 아니라 예수가 백성들과 나누는 평등한 대화를 직접 듣고 각자 자신의 판단과 믿음에 근거하여 예수의 지존함과 온유함을 인식한다.

그러나 한국어 성경 속의 인물들은 언어적으로 불평등하다. 한국어 성경의 독자들은 예수와 평등한 대화를 하며 예수의 말을 직접 들을 수 없다. 단지 예수 존대법을 통해서 이미 결정되어 있는 예수의 모습을 수동적으로 전달받을 뿐이다. 한국인들은 성경 속 예수의 말투를 통해 예수가 제자들과 우리를 어떻게 대우했는지를 전달받는다. 그리고 우리가 예수를 얼마나 높여야 하는가와 동시에 우리 자신을 얼마나 낮추어야 하는가를 지시받는다. 예수가 존댓말을 하는 성경을 읽는 독자는 무의식중에 겸손하고 온유한 예수를 경험하고, 반말하는 성경을 읽는 독자는 절대복종하고 두려워해야 할 대상으로서의 예수를 경험한다.

2000년 전 예수는 자신과 제자와 백성의 높낮이를 비교하지 않았다. 영어 성경의 예수는 지금도 그 높낮이에 관심이 없다. 그런데 누가 한국어 성경의 예수의 높이를 결정하는 것일까? 물론 예수 자신이 결정한 것이 아니다. 2000년 전 예수의 제자들이 결정한 것도 아니다. 그렇다고 오늘날 한국어 성경을 읽는 신자나 독자가 자신의 믿음에 따라 선택하는 것도 아니다. 예수와 백성들의 높낮이는 성경 번역자가 결정한다.

『성경』의 번역 과정을 요약했던 강대인(새 번역 성서 합본 실무반 반장)은 예수 존대법에 대해 다음과 같이 말했다.

> 한국어 성경에서 존대법은 단순한 문법의 문제가 아니라 번역자가 오늘의 한국인들에게 예수를 어떤 인물로 해석해서 전달할 것인가의 문제이다. (…중략…) 즉 성경의 번역자들이 예수를 어떤 존재로 믿느냐에 따라 예수 존대법의 형식이 각기 다르다. 생각이 다른 만

큼 예수 존대법에 대한 의견도 다르다.[2]

강대인의 말처럼 예수 존대법은 번역자가 예수를 어떤 인물로 해석하는가에 따라 결정된다. 성경 번역자는 자신의 믿음과 안목을 기준으로 예수의 생각을 추측하고 예수와 성경 속 인물의 높낮이를 판단한다. 그리고 번역자의 생각에 따라 예수와 빌라도가 서로 반말을 하기도 하고 존댓말을 하기도 한다. 다시 말하면 한국어 성경은 번역자의 주관적인 생각과 판단을 피할 수가 없다는 뜻이다. 그리고 한국어 성경을 읽는 사람들은 번역자의 주관적인 생각을 거치지 않고 예수의 말을 직접 들을 방법이 없다는 뜻이다.

영어 성경의 독자들은 예수와 평등한 언어로 대화하고 예수의 뜻을 직접 헤아린다. 반면에 한국어 성경 독자는 번역자가 결정해 놓은 존대법을 통해 예수와 대화하고 예수의 모습을 전달받는다. 이것이 영어 성경과 한국어 성경의 근본적인 차이이며 한국어 성경이 가지고 있는 맹점이다.

예수 존대법은 단순한 예절의 문제가 아니라 근본적인 신앙관의 문제이자 인간관의 문제이다. 존대법은 사람 간에는 높낮이가 있다는 기본 가정에서 시작한다. 그러나 2000년 전 예수는 자신의 높낮이를 백성과 비교하지 않았다. 예수에게는 그런 생각 자체가 없었다. 한국어 존대법은 예수가 성경을 통해 전하고자 했던 만민평등 사상에 정면으로 어긋나는 가정에서 시작한다. 이것이 한국어 성경을 딜레마에 빠지게 하는 근본적인 문제이다.

예수 존대법 문제는 우리에게 좀 더 근본적인 질문을 하게 만든다. 만인이 평등한데 말로 위아래를 가르는 것이 옳은 일인가? 무엇을 기준으로 누구를 얼마큼 존대하고, 누구를 얼마큼 하대하는 것이 옳은가? 오늘 예수가 한국에 오면 나이로 위아래로 나누고, 신분으로 위아래를 나누고, 학벌로 위아래를 나누어, 말과 행동으로 차별하는 한국인들에게 뭐라고 말할까?

5

아직 끝나지 않은 예수 존대법 논란

최초의 한국어 성서는 존 로스의 『예수셩교누가복음젼서』(1882)였다. 그 이후 한국 기독교의 성장과 함께 성경 번역 또한 장족의 발전을 했다. 그러나 한국어 성경 번역을 시작한 순간부터 지금까지 끊임없이 갈등을 일으키는 문제가 있다. 바로 예수 존대의 문제이다.

한국 천주교 주교회의는 1998년에 교회 공용으로 사용할 신약성서 번역본을 새로 만들기로 했다. 그 결과로 나온 것이 『성경』이다. 이 성경에서 예수는 모든 사람에게 반말을 한다.

이 번역본을 처음부터 준비하였던 임승필 신부는 성경 번역 과정에서 예수 존대법 갈등은 그 답을 찾기가 매우 어려운 문제임을 토로했다. 특히 같은 신약성서라고 하더라도 그 사용 목적에 따라 적합한 존대법이 다를 수 있다고 했다.

같은 신약성서라도 일차 목표에 따라 여러 가지로 번역할 수 있다. 곧 **성서 공부용 번역본**, 종교를 가지고 있지 않거나 다른 종교를 믿는 이들에게 예수님이나 그리스도교를 소개하거나 이러한 이들을 그리스도교로 이끄는 **선교용 번역본**, 그리고 **교회 공용으로**

> **쓰이는 번역본** 등이다. 우리의 관심사는 마지막 것, 곧 신자들의 개인적인 봉독과 함께 특별히 미사나 그 밖의 전례 때에 사용하는 교회 공용 성서이다.[3]

번역자들은 『성경』을 준비하면서 신자들을 위한 교회 공용 번역본이라는 목표를 고려하여 다음과 같이 결론을 내리면서 예수가 모든 사람에게 반말을 하는 성경본을 준비했다.

> 예수님은 당신의 제자이든 그 밖의 사람이든, 나이가 많거나 적음을, 지위가 높거나 낮음을 불문하고 모든 사람을 제자처럼, 자녀처럼 대하신다. (…중략…)
>
> 이러한 사항들을 종합하면, 적어도 교회 공용 번역본과 관련된 결론이 자연스럽게 나온다. 예수님을 최고의 존대어로 표현해야 한다는 것이다. 이에 따라 예수님이 다른 사람들에게 하시는 말씀은, 전통적 의미의 스승 또는 옛날의 스승이 제자들에게 하듯, 부모가 자녀들에게 하듯, 더 나아가서 하느님께서 인간에게 하시듯 해라체로 옮기는 것이 우리말에서 가장 낫다고 판단된다.[4]

『성경』은 예수가 반말하는 성경이 되었지만, 새 번역 성서에 대한 마지막 공청회에서까지 존대법과 관련하여 다른 의견들도 있었다. 예수가 모든 사람에게 반말을 하면 예수가 상스럽고 교만하게 인식될 위험이 있다는 우려였다.

> 존대법은 우리말에서 대단히 중요한 문제이다. 우리 한국 사회에서는 존대법(경어법)을 거스르는 언행은 '상스럽고' '무식한 것'이 되고 말기 때문이다. 우리말 성서 번역이 이 어법에 맞지 않는 표현을 하여 우리말 일반 언중의 귀에 예수님의 언행이 '상스럽거나', '격이 낮거나', '교만하게' 들리게 해서는 결코 안 될 것이다. **예수님의 어투를 모두 '해라체'로 하면 당황스러운 경우가 있다. 이렇게 번역된 예수님의 언행은 우리말 어법에서 볼 때 '온유하고 겸손하고 자비롭게' 들리기보다는 '오만 불손하게' 느껴질 우려가 크다. 성서는 신자들만을 위한 책이 아니므로, 그리스도가 누구인지 아직 모르는 사람들의 입장에서 우리말 어법을 생각하며 비판적으로 읽어 보면 다르게 느껴질 것이다.**[5]

참고로 『성경』을 출판하기 직전에 새 번역 성서 공청회를 준비하면서 예수 존대법과 관련한 설문 조사를 했고, 그 결과는 다음과 같았다.

> 예수가 다른 이들에게 낮춤말을 하는 것이 좋다 : 42%
>
> 낮춤말을 쓰되, 요한 세례자처럼 특별한 경우는 예외로 하면 좋겠다 : 19%

제자들과 일부 개인에게만 낮춤말을 쓰면 좋겠다 : 25%

다 낮춤말을 쓰지 않으면 좋겠다 : 14%[6]

설문 결과가 보여주는 것처럼 예수 존대법에 대한 의견은 마지막까지 분분했다. 예수 존대법이 얼마나 난감한 문제였으면 성직자와 교인들에게 예수가 어떤 존대법을 사용하는 것이 타당하다고 생각하느냐는 설문서를 돌려 그 의견을 참고하였겠는가?

2005년 성경 번역을 끝내면서, 강대인은 "예수님 말씀에 선불리 존대법을 적용하기가 매우 어려웠다. 그래서 이 문제를 다음 세대의 성서 번역진에 물려주기로 한 것이다"라고 맺음말을 쓸 수밖에 없었다. 그 이후 지금까지 가톨릭교회가 『성경』을 사용하고 있지만, 예수 존대법에 대한 의견은 여전히 분분하다.

그러나 한국어 성경이 가지고 있는 존대법 갈등은 성직자나 번역가만의 문제가 아니다. 이 문제는 모든 인간관계를 위아래로 나누고, 존댓말과 반말로 차별하는 한국어 존대법이 수정되지 않는 한 끝까지 남을 문제이다.

스스로에게 묻게 된다. 21세기 글로벌 시대에 만인이 평등한 민주사회에서 언제까지 위아래를 구분하는 존대법이 존속되어야 하는가? 위아래를 나누지 않고, 계급을 구분하지 않고, 모두가 평등한 위치에서 서로가 서로를 존중하는 세상이 되면 안 되는가?

존대법의 두 얼굴, 존댓말과 반말

존대법의 명칭은 다양하다. 경어법, 높임법, 대우법이라고도 하고, 아주 드물게 하대법이라고도 한다. 존대와 하대라는 이율배반적인 명칭이 보여주는 것처럼 존대법의 용도 또한 이중적이다. 그러나 일반적으로 알려진 '존대법'이라는 편향된 명칭이 이 규칙의 양면성을 들여다보기 어렵게 만든다. 엄밀히 말하면, 한국어 존대법은 존댓말을 만드는 존대 규칙과 반말을 만드는 하대 규칙을 모두 포함하는 규칙이다. 한국인은 존대법을 이용하여 윗사람에게 존대를 표현하기도 하고, 공손함을 드러내기도 한다. 그러나 동시에 하대법을 이용하여 아랫사람에게 힘을 과시하기도 하고, 억압하기도 하며, 사적인 가까움을 표시하기도 한다. 한국어 존대법은 절반은 존대 규칙, 절반은 하대 규칙을 담고 있는 두 얼굴의 문법이다.

I

인지력의 한계를 실험하는 한국어 존대법

한국어가 세상에서 '존대법이 가장 발달한 언어'라고 말하는 것은 존대법을 가치 있다고 평가할 때 사용 가능한 말이다. 중립적인 관점에서 말하면 한국어는 '존대법이 가장 발달한 언어'가 아니라 '존대법이 가장 복잡한 언어'이다. 한국어 존대법은 믿거나 말거나에 나올 정도로 복잡하다. 그리고 존대법이 복잡하다는 것은 한국인들이 사람을 대하는 기준과 방법이 그렇게 복잡하다는 뜻이다.

구글 번역기에 'Be careful'을 돌리면, '조심해'라고 번역한다. 그러나 우리는 최소한 세 가지 이상의 다른 버전으로 말한다. 우리는 말할 때마다 순간적으로 결정해야 한다. 너를 '높일 것인가, 낮출 것인가?' 이와 동시에 또 결정해야 한다. '높이면 어느 정도 높일 것인가, 낮추면 어느 정도 낮출 것인가?'

너, 조심해.

김 과장이 조심해.

이 부장님이 조심하세요.

박 사장님께서 조심하십시오.

우리는 사람을 만날 때마다 너와 나 중에서 누가 높은가를 헤아린다. 내가 높으면 너에게 반말을 하고, 네가 높으면 존댓말을 해야 하기 때문이다. 그러나 그뿐이 아니다. 위아래가 결정된 후에는 너를 어느 정도로 높여야 할지 혹은 어느 정도로 낮추어야 할지 그 수준을 결정해야 한다.

제일 먼저 상대를 부르는 호칭으로 너의 높이를 차별한다. 가장 낮은 '너'에서부터 직함만 붙인 '김 과장', 직함에 '님'까지 붙인 '이 부장님'까지, 너와 나의 상대적인 높이에 따라 우선 호칭을 단계별로 차별한다. 다음으로 너를 확실히 높여야 할 상황이면 주어에 '이/가' 대신에 '께서'를 붙여서 확실한 존대를 표시한다. 마지막으로, 너의 높이에 따라 동사의 말꼬리를 '해라, 하시오, 하십시오' 중에서 적절한 높이로 맞춘다. 이 세 가지 규칙을 조합하면, 내가 너에게 하대하는 관계에서부터 내가 너에게 존대하거나 극존대하는 관계까지 너와 나 사이에 다양한 높낮이 관계가 형성된다. 어휘에서부터 명사에 붙이는 조사와 동사에 붙이는 어미까지 각각의 층위마다 존대법과 관련된 문법 사항을 적용해야 하는 한국어는 가히 존대법을 위한 언어라고 해도 전혀 과장이 아니다.

그러나 여기가 끝이 아니다. 한국어 존대법은 대화와 관련된 사람이 늘어나면 늘어나는 만큼 관계된 모든 사람의 높낮이를 비교해서 그 사람들 간의 높낮이를 표시해야 한다. '너'와 '나'

사이에 '그'가 끼어들면, 우리는 다시 계산해야 한다. '너와 나와 그중에서 누가 가장 높고, 누가 가장 낮은 사람인가?'

예를 들어 "김 교수가 왔다"라는 메시지를 전할 때, 우리는 너와 나, 김 교수의 상대적인 높이에 따라 존대법을 달리한다.

> 총장님, 김 교수가 왔습니다.
>
> 박 교수, 김 교수가 왔어.
>
> 이 군, 김 교수님이 오셨어.

'나'가 교수이고 '너'가 총장일 때는 총장이 가장 높은 사람이므로, 총장 뒤에 '님'을 붙이고 동사 뒤에 '-습니다'를 붙여서 총장을 높이는 동시에 김 교수 뒤에 '님'을 빼고 동사도 '왔다'로 김 교수를 낮추어, "총장님, 김 교수가 왔습니다"라고 말한다. 만약 '나'와 '너'가 교수이면, 세 사람 모두 동격이므로 아무도 높이거나 낮추지 않고 "박 교수, 김 교수가 왔어"라고 평어로 말한다. 반면에 '나'가 교수이고 '너'가 학생일 때는 학생이 가장 낮으므로, 학생 이름 뒤에 하대 호칭어 '군'을 붙이고 동사 뒤에 하대 어미 '-어'를 붙여서 학생을 낮추는 동시에 김 교수 뒤에 '-님'을 붙이고 동사에 '-시-'를 붙여서 김 교수를 높이면서, "이 군, 김 교수님이 오셨어"라고 말한다. 여러분 중에는 저 짧은 문장 속에 정말 이렇게 복잡한 계산법이 들어 있나를 의심하는 사람도 있을 것이다. 그러나 실제로 한국어의 모든 문장 속에 이와 같은 복잡한 계산법이 숨어 있다.

그런데 구글 번역기에 이 세 문장을 돌리면 어떻게 될까?

김 교수가 왔습니다. → Professor Kim is here.

김 교수가 왔어. → Professor Kim is here.

김 교수님이 오셨어. → Professor Kim is here.

구글 번역기는 한 가지로 말한다. 영어로 말할 때는 세 사람의 서열을 따지지 않는다. 영어로는 단지 '김 교수가 왔다'라는 사실만 전달하면 된다. 그러나 한국어로 말할 때는 말의 내용 이전에 세 사람의 높이를 비교해야 한다. 그리고 그 높낮이에 관한 생각을 반드시 밖으로 표시해야 한다. 결국 존대법은 대화 내용의 진위나 논리에 집중하기 이전에 사람 간의 위아래를 따지고 표현하는 데 에너지를 사용하게 만들고, 그러는 사이에 실제로 중요한 대화 내용 파악에 집중하지 못하게 만든다.

그런데 존대법에서 고려해야 할 사람이 또 있다. 바로 관객이다. 우리는 대화하는 동안 누군가가 우리의 대화를 듣고 있다고 생각하면 평소와는 다른 존대법을 사용한다.

남편 **빨리 준비해.** 어머니 **오시겠다.**

아내 **알았어**. 거의 다 **했어**.

남편 **빨리 준비해요**. 어머니 **기다리시잖아요**.

아내 **알았어요**. 거의 다 **했어요**.[1]

두 대화는 같은 부부의 대화이다. 평소에 서로 평어를 사용하던 두 사람이 옆에 어머니나 다른 어른이 있으면 존댓말을 한다. 이때 두 사람이 존댓말을 하는 이유는 두 사람이 갑자기 서로에 대해 존경심이 높아졌기 때문이 아니다. 단지 옆에 있는 어머니를 의식했기 때문이다. 우리는 주위에 있는 사람이 누군가에 따라 그들의 기준에 맞추어 존대법을 조절한다. 이것이 바로 관객의 힘이다.

이는 한국인들이 말을 할 때 대화를 듣고 있을지 모르는 관객의 눈치까지 본다는 뜻이다. 또 다른 한편으로 한국인들은 다른 사람들의 대화를 들을 때에도 그들이 어떤 존대법을 쓰고 있는지 신경 쓰고 간섭한다는 뜻이기도 하다.

이 정도가 되면 한국어 존대법이 세상에서 가장 발달했다고 말해야 할지, 세상에서 가장 복잡하다고 해야 할지 다시 묻게 된다. 오늘날 외국인들뿐만 아니라 한국의 젊은이들에게도 존대법은 어렵다. 아니, 가장 불편한 것이 존대법이라고 하는 것이 더 정확한 표현일까?

외국인들에게 한국어 존대법이 어려운 이유는 똑같은 김 교수라는 사람의 높낮이가 일정하지 않고 상황에 따라 끊임없이 변한다는 점이다. 한국어를 배우는 외국인에게 존대법에서는 나와 너뿐만 아니라 대화에 관여된 모든 사람의 높낮이를 비교해야 한다고 설명하기 시작하면, 외국인들은 대부분 그때부터 한국어 배우기를 포기한다. 존대법 규칙은 실제로 일반적인 인간의 인지력으로 감당하기에 너무나 복잡한 계산법을 요구한다. 거의 믿거나 말거나에 나올 정도로 복잡하고 어렵다.

그러나 우리는 각각의 상황에 따라 기가 막힐 정도로 빠르게 서로 간의 높낮이를 파악하고 표현한다. 이는 우리가 말을 배우는 동안 무의식중에 자동으로 대화에 관련된 모든 사람의 높낮이를 계산하고 그 높이에 따라 존대법으로 표현하도록 훈련받기 때문이다. 물론 그러는 사이에 우리의 의식 속에 사람 간의 서열 의식이 뿌리 깊게 박힌다.

쎄이요르인들이 오른쪽 왼쪽을 표현하기 위해서 끊임없이 자신이 동서남북의 어느 쪽에 있는가를 헤아리는 것처럼, 그리고 그런 과정에서 세계 최고의 내비게이션 능력을 갖추게 된 것처럼, 우리는 만나는 모든 사람과의 관계에서 누가 더 높은지 끊임없이 계산하는 과정을 반복하면서 사람 간의 높낮이를 계산하고, 사람의 관계에서 위아래를 차별하는 습관을 지니게 된다.

한국인들 사이에서 존대법은 말의 내용 이상으로 강력한 힘을 발휘하는 복병이다. 우리는 대화할 때 존대법을 의식적으로 계산하지 않는다. 그러나 상대의 말을 듣는 순간 상대가 나를 얼마나 대우하는지, 혹은 상대가 자기 자신을 얼마나 높다고 생각하는지 곧바로 눈치챈다. 그리고 암암리에 기대했던 높낮이가 맞지 않으면 곧바로 괘씸죄의 빌미가 되고 싸움의 이유가 된다.

2

동방예의지국의 하대법

구글 번역기는 '연세가 어떻게 되십니까?'와 '너 몇 살이야?'의 차이를 구분하지 못한다. 구글 번역기는 두 문장을 모두 'How old are you?'로 번역할 뿐이다. 그러나 한국인에게 "야, 너 몇 살이야?"와 "선생님, 연세가 어떻게 되십니까?"는 전혀 다른 말이다. 세상의 그 어떤 언어나 그 어떤 번역기로도 한국어 반말이 담고 있는 무례함과 폭력성을 다 해석해낼 수 없다.

한국어는 존댓말이 발달한 것 이상으로 반말이 발달한 언어이다. 호칭에 '-님'을 붙이고, 주어에 '께서'를 붙이고, 동사의 끝머리에 '하십시오'를 붙여서 존댓말을 만들기도 하지만, 이와 평행하게 상대를 '야'라고 부르고, 주어에서 '이/가'를 생략하고, 동사의 끝머리를 '-해'로 줄여서 반말을 만들기도 한다. 호칭 정도를 넘어서 하대법이 이렇게 다양한 문법으로 발달한 언어는 한국어가 거의 유일하다.

많은 사람이 타고 있는 버스 안에서 들려온 반말을 들어보라.

어른 **야, 너 어디서 왔어?**

젊은이　저한테 물어보는 거예요?

어른　그래, **너한테 물어보는 거야**. 지금 어디 가는 **거야**?

젊은이　집에 가는 길이에요.

어른　**집 어디야? 빨리 가!**

젊은이　네, 아저씨. 지금 가는 길이에요.

어른　**고향 어디야?**

젊은이　(…중략…) 내가 사는 데가 고향이에요…….[2]

위의 대화에서 어른은 4가지 하대 규칙을 모두 사용해서 반말을 한다. 첫째, '이봐, 어이, 야' 등 아랫사람에게 사용하는 하대 호칭으로 상대를 부른다. 둘째, 2인칭 대명사 '너, 자네, 당신, 선생님' 중에서 '너'라는 하대 표현으로 상대를 지칭한다. 셋째, 주어 뒤에 '이/가'를 생략하여 상대를 하대한다. 넷째, '왔어, 가, 어디야'처럼 하대 종결어미를 붙여 반말을 한다.

그런데 이 어른은 도대체 누구에게 이렇게 반말을 한 것일까? 짐작할 수 있듯이 이 이야기는 방글라데시 출신 외국인 노동자가 들려준 이야기이다. 한국인끼리는 하지 못할 반말을 외국인에게는 함부로 하는 것이 현재 한국의 존대 문화 수준이기도 하다.

조 전 대한항공 전무의 '물벼락 갑질 논란'과 조 전 대한항공 부사장의 '땅콩회항 사건'은 한국뿐만 아니라 세상을 떠들썩하게 할 만큼 특별한 사건이었다. 영국 BBC 방송에서부터 미국 CNN 방송과 뉴욕 타임스, 중국 CCTV, 일본 교도통신까지 해외 언론들 모두 한국의 재벌과 갑질에 주목했다. 그러나 해외 언론들은 비행기를 회항시키고 물을 끼얹는 행동에만 주목할 뿐, 두 사람이 내뱉는 반말이 가진 폭력성에는 주목하지 못했다.

그러나 이 사건이 한국인들에게 충격적인 이유는 물을 뿌리고 땅콩을 던지는 물리적 폭력 이전에 이 두 사람이 내뱉은 반말 때문이었다.

> KBS는 13일 광고업계 관계자 말을 인용해 조 전무가 나이가 많은 대행사 직원에게 반말하거나 고성을 지르며 행패를 부렸다고 보도했다. 광고회사 직원 A씨는 KBS와의 인터뷰에서 대한항공 홍보를 대행하다 자괴감을 느꼈다고 토로했다. A씨는 그러면서 "조 전무가 '나 29살이야. 당신 지금 마흔 넘었지 쉰이야? 일 잘하지 그랬어. 반말 안 들으려면' 이라고 했다. 나에게는 '너도 억울하면 금수저로 태어나지 그랬어' 이런 식으로 들렸다"고 털어놨다.[3]

> "네가 나한테 대들어, 어따 대고 말대꾸야! 내가 세우라잖아!"
>
> 2014년 12월 5일 밤 12시 53분(현지시각) 뉴욕 JFK 국제공항 제1터미널 제7번 게이트. 인천국제공항으로 출발할 예정이던 대한항공 비행기 일등석에서 터져 나온 목소리입니다. 목소리의 주

> 인공은 조현아 전 대한항공 부사장. 뜯지 않은 마카다미아 봉지를 트집 잡으면서 시작된 그의 욕설과 폭행은 20여 분 동안 이어졌습니다.
>
> 조현아 전 부사장은 객실 서비스를 총괄하는 박창진 사무장의 손등을 파일철로 3~4번 내리찍었고 "무릎 꿇고 사과하라"고 요구하기도 했습니다.[4]

한국인에게 "당신 지금 마흔 넘었지 쉰이야? 일 잘하지 그랬어. 반말 안 들으려면"이라는 반말은 물벼락보다 더한 폭력이다. 상사가 직원에게 던지는 "네가 나한테 대들어, 어따 대고 말대꾸야! 내가 세우라잖아!"라는 반말은 파일철로 손등을 내리찍는 것보다 더한 폭력이다.

전 세계를 놀라게 한 이 특이한 사건 뒤에는 한국어 존대법이 있다. 어느 시대 어느 나라에나 갑질은 있다. 그러나 그 빈도와 정도는 그 사회의 문화에 따라 다르다. 상대를 말에서부터 하대가 가능한 사회에서 거친 반말을 반복하다 보면 반말은 언어폭력이 되고, 언어폭력은 신체적인 폭력 이상의 파괴력을 가진다. 반말은 윗사람이 아랫사람에게 자신이 서열을 주지시키고, 아랫사람인 너는 내 말에 복종해야 한다는 무언의 압력을 가한다.

최근 독일 바르비크 대학의 연구진은 온라인상의 혐오 발언과 현실의 폭력 사건의 발생 빈도를 비교하여, 독일 극우당의

페이스북에 난민 혐오 발언이 4개 올라올 때마다 현실에서 난민을 대상으로 한 폭력 사건이 1건 발생하는 것을 밝혔다.[5] 독일 법무부 장관은 2015년 페이스북에 '인터넷은 인종차별적 폭력과 불법적인 게시물이 활개 치도록 허용되는 무법천지가 아니라'라고 강조하며 명예훼손과 혐오 발언을 금지하는 독일의 법을 지켜달라고 요청하는 공개서한을 발표하기도 했다. 중동과 북아프리카 출신의 무슬림 이민자들에 대한 독일 극우당의 혐오 발언의 수위가 너무 높아지는 것에 대한 우려였다. 독일은 혐오 발언에 대한 입장이 매우 강경하여, 소수자에 대한 혐오 선동은 법정에서 최대 징역 5년까지 처벌할 수 있다. 독일 의회는 온라인에서의 혐오 발언을 줄이기 위해 '명백히 불법적인' 게시물은 24시간 이내에, '덜 명백한' 게시물은 1주일 이내에 삭제하지 않으면 플랫폼에 최대 6천만 달러에 달하는 벌금을 물리는 법을 2017년에 통과시키기도 했다.

전 세계적으로 약자들을 대상으로 한 혐오 발언 문제가 심각한 상황이며, 이에 대한 대책이 절실해지고 있다. 독일은 과거 나치 경험으로 인해 다른 나라에 비해 인종차별적인 혐오 발언에 대해 매우 엄격하게 대처하고 있으며 강력한 법으로 제재를 가하고 있다.

독일의 사례를 살피면서 한국어 존대법을 다시 돌아보게 된다. 한국에서도 혐오 발언과 막말이 그 도를 넘어서고 있다. 더

구나 한국어의 경우에는 남녀차별, 인종차별, 정치적 이념이나 종교적 이념과 관련된 내용 이전에 '반말'이라는 하대법만으로도 그 어떤 폭력 이상으로 극심한 혐오와 모욕을 가할 수 있는 폭력성과 파괴력을 가지고 있다.

그러나 혐오 발언과 막말뿐만 아니라 반말 폭력을 막아낼 방법이 없는 것이 현재 한국어 존대법의 현주소이다. 외국인 노동자는 한국인의 반말에 상처받는다. 이마무라 히사미는 쌍둥이도 서열을 따지는 한국의 존대법에 저항한다. 그런데 과연 외국인들이 오늘 한국의 존대법에서 배울 것이 있을까?

한국어 존대법에서는 아랫사람은 존대를 드리고 윗사람은 존대를 받는 정신이 있을 뿐, 아랫사람이 윗사람과 동등한 위치에 서는 것은 언제나 불경한 것이다.

3 반말 시비

한국 사람들은 대화할 때 내용을 따지기 이전에 존대법이 제대로 작동하고 있는가를 따진다. 한국에서 반말 시비는 나이와 장소를 가리지 않는다. 다섯 살 남자아이의 놀이터에서부터 육십이 넘은 대통령 후보들의 토론회까지 반말 시비는 언제나 어디에나 있다. 말버릇 예절을 빌미로 시작되는 반말 시비는 한국인들의 대화를 비논리적이고 감정적으로 흐르게 만드는 도화선이다.

2017년 역사상 초유의 박 대통령 탄핵 이후, 새로운 대통령 선거를 위한 TV 토론회가 여러 가지 일화를 만들었다. 그중에는 유력한 당선 후보였던 문 후보를 불리하게 만들었던 말버릇 시비도 있다.

문 후보와 홍 후보가 고 노 전 대통령의 뇌물수수 여부를 놓고 치열한 논쟁을 벌이던 중, 문 후보가 말했다.

문 **이보세요.** 제가 그 조사 때 입회했던 변호삽니다.

홍 **아니, 말씀을 왜 그렇게 버릇없이 해요.**

문 그렇게 …… 그렇게 터무니없는 말씀을 하십니까.

홍　　**이보세요라니**[6]

답답해진 문 후보가 "이보세요"라고 말을 하자, 홍 후보는 곧바로 문 후보의 버릇없는 말씨를 비난하며 문 후보를 예의 없는 사람으로 몰고 갔다. 두 사람의 말버릇 시비로 토론장 분위기가 급격히 어색해졌다. 진행자의 중재로 갈등은 일단락되었지만 다음날 언론사들은 곧바로 이 문제에 대한 설문 조사를 하고, 문 후보의 결례가 그를 불리하게 만들었다는 조사결과를 발표하기도 했다.

그러나 다른 한편에서는 네티즌들이 두 사람의 나이를 검색하며 누가 더 윗사람인가를 검증하기 시작했다. 네티즌들은 홍 후보가 문 후보의 버릇없음을 따질 만큼 나이가 더 많은가를 확인하고자 했다.

네티즌들의 확인 결과 문 후보는 1953년생(63세)이고, 홍 후보는 1954년생(62세)으로 문 후보가 한 살 많았다. 네티즌들은 문 후보가 1월 출생이어서 빠른 53년생이라, 학교로는 홍 후보보다 두 학년 더 빠르다는 것까지 계산해냈다. 네티즌들은 어린 홍 후보가 나이 많은 문 후보에게 버릇없다고 말하는 것이 더 버릇없는 행동이라고 비난하기도 했다.

그 TV 토론을 생방송으로 보면서, 다음날 언론의 설문조사와 네티즌들의 검색 조건을 보면서, 그리고 이 모든 그룹이 말버릇 예절을 두고 벌이는 갑론을박을 보면서, 그들의 반응 하나하나에 놀라지 않을 수 없었다.

'이보세요'가 반말이라고 시비를 걸면서 문 후보를 말버릇 예절로 공격하는 홍 후보도 놀랍고, 이런 간단한 반말 시비가 문 후보의 지지도를 깎아내릴 만큼 존대법이 국민들의 정서에 미치는 영향력이 큰 것도 놀라웠다. 그러나 무엇보다 놀라웠던 것은 이 장면을 보자마자 두 사람의 나이를 검색하는 젊은 네티즌들이었다. 이들이 태어난 달까지를 확인해서 '빠른 1월생'을 구분하고 학번으로는 2년이 빠르다는 것까지를 계산해내는 것을 보면서, 혹시 이 젊은이들이 기성세대보다 나이 존대 문화에 더 심하게 얽매여 있는 것은 아닌가 하는 의심도 들었다.

한국인들 사이에서 버릇이 있고 없음은 끊임없이 시빗거리가 되는 주제이다. 그리고 이 시비는 항상 반말에서 시작된다. 우리는 하대법이 있다는 것을 거의 의식하지 못하면서도 누군가가 자기에게 반말을 하면 굉장히 민감하게 반응한다. 한국인의 대부분의 말싸움은 '어디서 반말이야, 언제 봤다고 반말이야'로 시작된다.

A 이봐요. 당신, 그런 식으로 갑자기 끼어들면 어떡해요?

B 당신? 날 언제 봤다고 당신이야? 이 사람이…….

A 이 사람? 당신 몇 살이야?

B　나 참. 여기서 나이가 **왜 나와?**

A　**왜 나와? 왜 반말이야?**

문제가 발생했을 때, 우리는 누가 잘못했는가를 따지기 이전에 말버릇을 문제 삼는다. '이 사람 말버릇이 안 되겠군'에서부터 '어디다 대고 반말이야'에 이르기까지 시비는 일의 잘잘못이 아니라 말버릇의 문제로 전가되고, 예의가 있네 없네, 위아래를 아네 모르네, 인간이 됐네 못 됐네 하는 감정싸움만 남는다.

우리 사회에서 비일비재한 반말 시비는 존대법이 한국인의 의식구조에 어떤 영향을 미치는가를 보여주는 단적인 예이다. 한국에서 말버릇은 인간성을 판단하는 기준이 된다. 태어나자마자 받기 시작하는 존대법 교육은 행동의 옳고 그름보다 먼저 위아래를 잘 구분하는 것에 집중하도록 훈련시킨다. 그리고 한국인의 정신 속에 사람을 위아래로 나누되, 자신은 존대받는 윗사람이 되어야 하며, 절대로 하대를 받는 아랫사람이 되면 안 된다는 존대 지향 의식을 뿌리 깊이 박아 놓는다.

2017년 국회의 한 분과위원회 회의에서 있었던 여당 의원과 야당 의원의 충돌은 반말 시비의 전형적인 패턴을 그대로 보여준다.

김 의원　**어디서 법사위 자리에서 반말을 하는 거예요, 지금? 사**

과하세요. 다시 한 번 얘기해 봐요. 어? 자신이 품위 없는 걸 그렇게 꼭 공개적으로 과시하고 싶어요?

권 위원장 김○○ 위원, 김○○ 위원. 참으세요. 박○○ 위원! 참으세요.

박 의원 네, 참겠습니다.

김 의원 위원장님, 아니 지금 제가 나이가 몇인데 여기 와서……

권 위원장 두 분 다 참으시고, 사적인 감정은 가라앉히시고……

김 의원 언제 봤다고 반말이야! 이 양반이 정말.

권 위원장 잠시 정회! 정회하도록 하겠습니다.[7]

반말 시비는 국회의 토론을 감정적인 싸움으로 변질시키며 정회할 만큼 분위기를 험악하게 만들었다. 이 장면은 한국에서 반말 시비가 전개되는 과정을 그대로 보여주는 요약본이었다. '어디서 반말을 하냐'는 추궁으로 시작하는 반말 시비는 '너는 나에게 반말할 위치가 아니다'라는 서열 혼동에 대한 질책에서 시작한다. 마지막에는 '이 양반이' 등으로 상대의 반말에 똑같이 반말로 되갚는다. 반말은 언제나 다시 반말을 불러온다. 일단 반말 시비가 시작되면, 논쟁의 본론은 완전히 무시되고, 감정싸움으로 변질되어 예의 시비만 남는다.

반말 시비는 한국인들이 논점을 말버릇의 문제로 바꿈으로써 일의 본질을 흐리고 논리적인 논쟁을 못 하게 만드는 가장 큰 장애물이다. 한국에서는 목소리 큰 사람이 이기고, 나이 많은 사람이 이긴다.

4 반말의 힘

> 한국인들은 특정 호칭을 이용해서 서로의 관계를 조절한다. 형이라고 부르면서, 상대를 높여줌과 동시에 개인적인 친근함을 돈독히 하기도 하고, 후배라고 부르면서 반말로 윗자리를 지킴과 동시에 명령에 복종하도록 만들기도 한다.

2015년 재경 경남중 · 고등학교 동창회 소식은 한국인들이 선후배 관계를 얼마나 교묘하게 이용할 수 있는지를 보여주는 생생한 예였다. 새누리당 김 대표와 새정치민주연합 문 대표가 동창회에서 만났다는 소식을 전하는 기사의 제목은 「"후배, 앞으로 나와" 문재인 부른 김무성」이었다. 기사의 제목만으로도 쇼킹했다. 그 시점이 두 사람이 여당 대표와 야당 대표로 첨예하게 대립하는 관계에 있었던 시기였기 때문이다. 그런데 기사의 내용은 더 충격적이었다.

> 새누리당 김무성(64) 대표와 새정치민주연합 문재인(62) 대표가 11일 재경 경남중 · 고 동창회에서 나란히 축사를 했다. 두 사람은 경남중 동문으로 김 대표가 한 해 선배다. (…중략…) 김 대표

는 축사 뒤 "후배, 앞으로 나와"라며 문 대표를 향해 손짓을 했다. 문 대표가 단상에 오르자 손을 붙들고 만세를 불렀다. 김 대표의 요청으로 두 사람은 포옹도 했다.[8]

두 정치인이 옆에 앉아 있는 것만으로도 어색할 만큼 불편한 관계였던 시점이었다. 그런데 여당 대표가 야당 대표에게 단지 중학교 일 년 선배라는 입학 순서 하나를 근거로 공식 석상에서 상대방을 '후배'라고 지칭하며 매우 가까운 관계인 것처럼 포장하는 것이 놀라웠다.

후배라고 부른 후에 곧바로 '앞으로 나와'라고 반말을 하며 자신의 지위를 높이는 것은 더욱 놀라웠다. 김 대표가 여러 사람 앞에서 던진 '나와'라는 반말 한 마디로 두 사람의 관계가 졸지에 명령하고 복종하는 윗사람과 아랫사람으로 변질되는 순간이었다.

선배라는 지위를 이용하여 어색한 포옹까지 끌어내는 것을 보면서는 역시 정치인은 다르다는 생각도 했다. 한국어의 하대법을 이보다 잘 활용한 예를 다시 찾기 어려울 만큼 절묘한 한 수였다.

한국인은 선배와 후배라는 호칭과 적절한 반말을 이용하여 상대와 가까운 관계임을 과시할 수도 있고, 친밀한 유대 관계를 만들어낼 수도 있고, 상대방보다 윗자리를 선점할 수도 있다.

나이나 순번이 확인되는 순간 시작되는 반말은 상명하복을 강요하는 간접화법이다. 반말은 암암리에 너는 나보다 아랫사람이니 내 말을 들어야 한다는 메시지를 전달한다.

간혹 휴대폰 화면에 이름이 등록되지 않은 전화번호가 뜰 때가 있다. 통화버튼을 누르면 상대는 종종 호기롭게 누구 동기라거나, 누구 선배라고 자신을 소개한다. 소개는 곧 "나 ○○학교 몇 회인데……"로 이어진다. 일방적으로 반말을 들으며 이어지는 대화는 뻔하다. 기사에 자신과 관련된 일을 소개해줄 수 없냐는 요청과 '검토해보겠습니다(라고 말은 하고 소개하지 않겠다고 마음먹는다)'라는 소극적인 저항의 답변이 오간다. 눈치 빠른 상대방 같으면 이후 전화하지 않는데, 저돌적인 성격을 지닌 경우 다시 전화한다. "검토했다는데 기사는 언제 나오나?" 직업과 지위에 따라 내용과 정도의 차이는 있을 수 있으나 누구나 한번쯤 겪어봤을 일이다.

학교 선배의 반말엔 은근한 압박이 담겨있다. 같은 학교 출신이니 허물없이 대하고 싶다. 그러니 반말하는 것이고, 반말로 상하관계가 형성됐으니 내 부탁을 들어달라는, 기이하고 원시적인 한국식 '연줄 삼단논법'이 작용한다. (…중략…) 나이 많은 사람의 부탁은 반말이라는 하달형 의사소통 도구를 통해 종종 명령으로 바뀐다.[9]

생전에 한 번도 본 적이 없는 선배라는 사람이 학번을 근거로 반말을 시작하면, 그 반말은 곧 위계질서를 명확히 하는 출발점이 되고, 후배라는 이유 하나만으로 그의 말을 들어주어야만 하는 부조리한 경험을 당해보지 않은 한국 사람이 몇 명이나 될까?

한국어 존대법은 서로의 높낮이를 반복적으로 표시함으로써 위계질서를 유지하는 중요한 장치이다. 윗사람은 아랫사람에게 반말을 함으로써 자신의 지위를 확고히 하고 아랫사람이 복종하도록 만든다. 한국에서는 반말하는 사람이 이긴다.

5 우리가 반말을 못 견디는 이유

'내가 말 놔도 되지?'는 '내가 너에게 반말해도 되지?'가 되고, 이런 말을 들으면 한국인의 잠재의식 속에 과거의 고통스러웠던 양반과 노비, 선임과 졸병의 관계가 떠오른다. 양반은 상놈에게 반말을 하고 상놈은 그 말에 무조건 복종해야 했으며, 군대의 선임이나 상관은 부하에게 반말을 하고 부하는 그의 말에 무조건 복종해야 했던 과거의 상처가 우리의 잠재의식에 남아 있다. 한국인은 반말을 들으면 무의식중에 자신이 노비의 처지로 또는 졸병 계급으로 떨어지는 느낌을 받게 된다.

인터넷에 '자꾸 11살짜리가 반말해요. 도와주세요'라는 제목으로 올라온 글이 있었다. 12세의 초등학교 5학년 학생이 올린 질문이었다. 자기보다 몇 개월 어린 친척 아이와 6살 때까지는 서로 반말을 하며 친구로 지냈는데, 이 친척 아이가 지금까지 계속 자기에게 반말하는 것을 어떻게 하면 좋겠냐는 질문이었다. 자기는 빠른 1월생이어서 12살이고 그 아이는 11살이니까 자기한테 반말을 하면 안 되는데 자꾸 반말을 해서, 자기 친구들이 그 친척 아이에게 반말하지 말라고 여러 번 경고를 했는데도 계속 반말을 한다고 했다. 결국 그 친척 아이의 고등학교 언니가 와서 자기에게 그냥 친구로 지내라고 말하고 갔는데, 싸움에 진 것 같아서 기분이 나쁘고, 또 그 언니가 와서 때릴지도 모른다는 불안감도 드는데 어떻게 하면 좋겠냐고 질문을 올렸다.

이 질문을 보면서 어른들보다 초등학교 아이들 사이에서 존대법이 더 엄격하게 강요되고 있는 것인가 하여 놀랐는데, 이 질문보다 더 놀라운 것은 이 질문에 대한 댓글이었다. 여러 개의 댓글 중에 다음과 같은 댓글이 있었다.

> 우선, 동생이 누나에게 '야'라든가 '너'라든가의 반말을 쓰는 일은 절대로 있을 수 없는 일입니다. **그럴 경우에 저도 역시 겪어봐서 얼마나 화나고 정신적으로 힘들지 알지만 같이 대응해서는 절대 안돼요.** 최대한 신사적으로 대하면서도 동생이 자신의 잘못을 뉘우칠 수 있도록 해야 합니다. (…중략…) 그런데, 생각하고 싶지 않은 경우지만 누나가 그렇게 정중한 태도로 나왔음에도 불구하고 동생이 "지랄하네" 이런다든가 "어디 아프나? 닭살 돋는다 ○새야" 이런 식의 태도를 보인다면 누나들의 인내 게이지는 극도에 도달합니다. 한대 패버릴지도 모르죠. **심한 경우 님처럼 동생을 죽이고 싶다는 생각도 하게 됩니다. 그렇지만 지금부터 하는 말을 꼭 기억해 주세요. 절대로 져서는 안돼요.**[10]

11살 또래의 댓글 작성자는 자기도 비슷한 경우를 당했고, 그

것이 얼마나 화나고 정신적으로 힘든지 이해할 수 있다고 했다. 동생이 반성하지 않고 더 버릇없이 나올 때는 죽이고 싶다는 생각까지 하게 된다는 댓글을 보며, 존대법 문제가 초등학생 한두 명의 문제가 아니라 한국 사회 전반에 퍼져 있는 갈등과 폭력의 문제라는 생각을 지울 수 없었다. 실제로 반말 시비가 살인으로까지 확대되었다는 기사는 시대를 가리지 않고 계속 올라온다.

> 평소 후배가 반말을 하는데 앙심을 품고 흉기로 찔러 살해하려 한 50대에게 실형이 선고됐다. (…중략…) 신 씨는 지난해 11월 울산 남구의 한 시장 안 음식점에서 A씨와 술을 마시다 호칭문제로 몸싸움을 벌인 후 흉기를 휘둘려 A씨를 살해하려 한 혐의로 기소됐다. 그는 자신보다 나이가 7살이나 어린 A씨가 반말하는 것에 대해 앙심을 품어왔다.[11]

> 형사15부는 모바일 게임을 하다가 시비가 붙은 상대에게 흉기를 휘두른 혐의(살인미수)로 기소된 정모(39) 씨에게 징역 1년 8월을 선고했다고 29일 밝혔다. (…중략…) 모바일 게임에서 알게 된 박모(31) 씨가 반말을 한다는 이유로 말다툼을 벌이다가 직접 만나서 싸우기로 한 뒤 다음날 새벽 약속 장소인 수원시 팔달구의 한 길가로 나온 박 씨를 흉기로 수차례 찔러 살해하려 한 혐의로 기소됐다.[12]

반말 시비로 인한 사고들의 실상은 신문 기사의 제목으로도 확인할 수 있다.

「사장(37)이 반말을 쓰는데 앙심을 품고 생산직(16)이 사장의 아들(6)을 살해」(『경향신문』, 1983)

「반말한다 칼부림 일가족 4명 사상」(『경향신문』, 1988)

「"감히 내게 반말을" 문자싸움 끝에 칼부림 外」(『해럴드경제』, 2009)

「'술 사와라' 반말에 격분…노숙자끼리 다투다 살해」(YTN, 2010)

「"왜 반말해"… 60대, 함께 술 마시던 지인 말다툼 후 흉기로 찔러 살해」(『서울신문』, 2013)

「장성 환송식 '야자타임' 중 반말 격분 대령이 맥주 컵으로 중령 머리 때려」(『경향신문』, 2014)

「모바일 게임 도중 반말시비 살인미수 30대 징역 1년 8월」(『경향신문』, 2015)

「'고스톱 중 반말했다'며 후배교수 2시간여 때린 경찰학과 교수」(『세계일보』, 2015)

꼬리에 꼬리를 물고 질문이 이어진다. 한국인들이 살의를 느끼게 될 만큼 반말에 민감하게 되는 이유가 무엇일까? 이 정도의 사태라면 단지 말로 대접받지 못했다는 정도의 문제가 아닐 것인데, 그렇다면 무엇이 한국인들을 이토록 분노하게 만드는 것일까?

존대 문화 속에서 반말을 받아들인다는 것은 자신이 아래 계급이라는 것을 인정하는 것이고, 상대가 자신의 상전이라는 것을 인정하는 것인 동시에 상대의 명령을 받들 준비가 되었다는 것을 뜻한다. 그러나 모든 한국인의 잠재의식 속에는 존대법이 강요하는 서열 차별에 대한 피해의식이 뿌리 깊게 박혀있다. 그리고 때때로 자신의 동의 없이 아랫사람 취급을 당하는 것이 살인을 불사할 만큼 견디기 어려운 일이 되기도 한다.

우리의 존대 문화는 윗사람 중심이다. 항상 위에서 아래로의 일방적인 관계를 요구한다. 굳이 과거 조선 시대의 노비나 군대의 졸병까지 떨어지지 않더라도, 아랫사람은 윗사람이 허락하고 베푸는 만큼만 받고 누릴 수 있다. 인격적인 대접에서부터 현실적인 이득까지 선배가, 교수가, 상관이 허락해주는 만큼만 동등해질 수 있으며, 그들이 나누어주는 만큼만 받을 수 있다. 그러나 나누어 받는 것은 대부분 궂은일이다.

6

생명을 위협하는 언어폭력의 파괴력

이스라엘 텔아브비 대학 의대의 리스킨 교수팀은 의사와 간호사가 언어적 모욕을 당했을 때 이들의 의료 수행 능력이 얼마나 떨어지는가를 실험했다. 결과는 놀라웠다. 의료진들이 신생아 중환자실에서 집중 치료를 수행하는 중에 언어적 모욕을 당했을 때, 간호사뿐만 아니라 의사의 수행 능력도 50% 이상 떨어졌다. 병원에서의 언어폭력은 단지 감정만 상하게 하는 것이 아니라 환자의 생명을 위태롭게 할 정도로 진료에 치명적인 악영향을 미쳤다.

아리 리스킨Arieh Riskin 교수는 신생아 집중 치료실에 근무하는 의사와 간호사를 대상으로 가상 실험을 했다. 신생아가 괴사성 장염(미숙아의 장조직에 염증이 생기기 시작하여 괴사하거나 사망하게 되는, 매우 급속히 진행되고 생명을 위독하게 할 수 있는 치명적인 병)에 걸린 상황에서 신생아를 진단하고 치료하는 실험이었다.[13] 이스라엘 의사 24명과 간호사 48명, 총 72명이 참여했다.

참가자를 두 그룹으로 나누어 한 그룹의 의사와 간호사는 진료 직전과 치료 중에 우연히 미국 전문의가 '자신이 이곳을 방문하기 전에 이스라엘의 다른 의료진들을 관찰했는데, 이스라엘 의료진의 수준이 별로 좋지 않았다'라는 말과 '이스라엘의 의사와 간호사가 미국 의대에서 근무한다면 1주일도 버티지 못할 것'이라고 폄하하는 말을 듣게 되고, 비교군인 다른 의사와 간호사들은 미국 전문의가 이스라엘 의료진에 대한 일반적인 인상을 말하는 것을 듣게 되는 상황을 만들었다.

실험 결과 두 그룹의 진료 능력은 예상보다 훨씬 큰 차이를 보였다. 이스라엘 의료진에 대한 무례한 코멘트를 들었던 의료진들은 그들 자신을 직접 무시한 말이 아니었음에도, 비교군보다 52% 더 많은 오진을 했다. 그리고 치료 과정에서는 43% 더 많은 실수를 했다. 실제 상황이라면 신생아의 생명을 위독하게 만드는 심각한 오류였다.

리스킨의 실험 결과는 두 가지 점에서 매우 충격적이었다. 첫째는 언어적 무례함이 부정적인 영향을 미친다는 연구는 있었지만 실제 진료 능력을 얼마만큼 저하시키는가에 대한 구체적인 연구가 없었던 것에 비해, 이 연구는 언어적 무례와 진료 능력 간의 상관관계를 실제 수치로 확인했는데 사소한 것처럼 보이는 언어적인 무시만으로도 환자의 생명을 위협할 정도로 의료 수행 능력을 떨어트렸다는 것이다.

둘째는 언어적 무시가 간호사에 못지않게 의사들에게도 악영향을 미친다는 점이었다. 기존에 의료 현장에서의 언어적 무례함이 간호사에게 끼치는 영향에 관한 연구는 많이 있지만 의사의 진료 능력과 관련된 구체적인 연구는 없었다. 공동연구자였던 에레즈Erez 교수는 무례한 말이 의사들에게까지 이렇게 크게 악영향을 미칠 것이라고는 예상하지 못했다고 말했다. 그는 경험 있는 의사와 간호사들은 무례한 논평에 상관없이 진료할 것이라고 가정했었다고 한다. 왜냐하면 긴장 상태가 심한 의료 환경에서 의료인 대부분은 이미 이런 언어적 무례함에 익숙할 것으로 생각했기 때문이다.

그러나 그의 예상은 완전히 빗나갔다. 무례한 말은 의료진의 감정뿐만 아니라 인지 시스템에 영향을 미쳤으며, 의사와 간호사 모두의 수행 능력을 50% 이상 급격히 떨어트렸다. 무례한 말은 긴급 상황에서 의료진의 작업 기억working memory을 심각하게 파괴하고 신체적으로 집중하지 못하게 만들었으며, 이로 인해 더 많은 실수를 하게 되고, 의료진들은 실수한 후에도 자신들의 실수를 인식하거나 그 실수를 수정하지 못했다. 에레즈는 "언어적 무례함이 모든 의료진에게 극복하기 어려운 문제라는 것을 일관되게 그리고 매우 확실하게 확인했다"라고 말했다.

연구자들은 언어적 무례함이 빈번히 발생하는 의료사고의 원인이 될 수 있다고 경고했다. 미국에서 의료사고로 죽는 사망자가 매년 210,000~440,000명 정도인데, 의료사고의 상당 부분이 무례한 말로 인해 시작된다고 경고했다.

조지타운 대학의 크리스틴 포래스Christine Porath 교수는 사람들은 무례한 말을 들었을 때, 상대가 왜 자기에게 무례한 코멘트를 했는지, 그 코멘트가 자기에게 어떤 영향을 미쳤는지를 헤아리는 데 시간과 에너지를 소모하며, 이런 과정은 그들이 당장 처리해야 할 업무에 집중하지 못하게 만들고, 그들의 정신적인 에너지를 소진시켜 버린다고 했다. 그녀는 "어떤 종류의 무례함이든 사람들을 트랙에서 벗어나게 만들고 집중하기 어렵게 만든다"라고 말한다.

리스킨의 연구 결과는 우리나라 의료기관에서 의료진들 사이에서 일상적으로 행해지는 반말이 환자들에게 재앙이 될 수 있다는 경고이기도 하다. 국내외를 불문하고 특히 긴장 상태가 심한 수술실이나 중환자실에서 90% 이상의 간호사들이 언어폭력을 경험하는데, 우리나라 병원에서 가장 빈번히 일어나는 언어폭력은 '반말'이다.

연구에 의하면 간호사는 나이가 어릴수록, 임상 경력이 적을수록, 그리고 미혼일 때 더 많은 언어폭력을 경험했다. 그러나 이것이 단지 병원에서만의 특별한 상황이겠는가. 연장자가 어린 사람에게 반말하고, 선임이 후임에게 반말하는 존대법 위계질서의 반영이며 이 나라 아랫사람들이 어디에서나 겪는 경험의 일부분일 뿐이다.

반말로 시작되는 언어폭력에 노출되는 것은 간호사만이 아니다. 수련의들이 겪는 언어폭력과 신체폭력 기사들은 의료계의 뿌리 깊은 폭력적 위계 문화를 드러낸다.

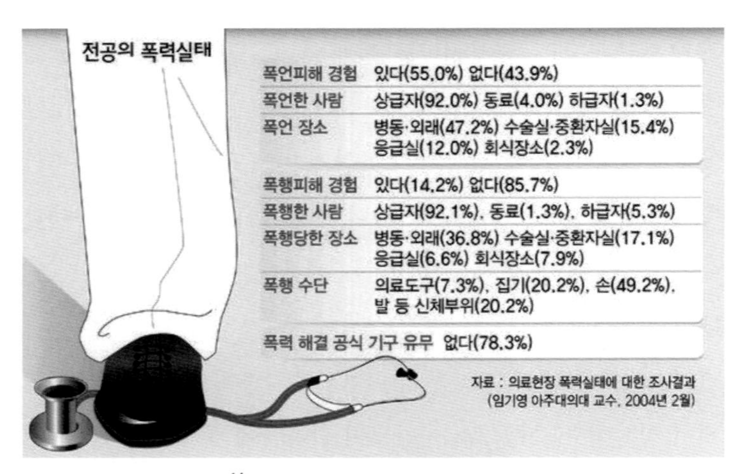
전공의 폭력실태

폭언피해 경험	있다(55.0%) 없다(43.9%)
폭언한 사람	상급자(92.0%) 동료(4.0%) 하급자(1.3%)
폭언 장소	병동·외래(47.2%) 수술실·중환자실(15.4%) 응급실(12.0%) 회식장소(2.3%)
폭행피해 경험	있다(14.2%) 없다(85.7%)
폭행한 사람	상급자(92.1%), 동료(1.3%), 하급자(5.3%)
폭행당한 장소	병동·외래(36.8%) 수술실·중환자실(17.1%) 응급실(6.6%) 회식장소(7.9%)
폭행 수단	의료도구(7.3%), 집기(20.2%), 손(49.2%), 발 등 신체부위(20.2%)
폭력 해결 공식 기구 유무	없다(78.3%)

자료 : 의료현장 폭력실태에 대한 조사결과
(임기영 아주대의대 교수, 2004년 2월)

전공의 폭력실태 설문조사[14]

그러나 반말이나 언어폭력에 대해 아랫사람이 대처할 수 있는 특별한 방법은 없다. 스트레스, 분노, 우울, 불쾌감, 좌절감, 곤혹감, 수치, 슬픔, 창피함을 느끼지만, 대부분 그냥 참을 수밖에 없다. 잊으려고 노력하거나 피하는 정도가 아랫사람이 취할 수 있는 방법이다. 반말은 한국의 아랫사람들의 정신을 갉아먹는 독약이다. 불의 앞에서 저항하기보다 회피하게 만들고, 어려움 앞에서 도전하기보다 포기하는 습관을 들이고, 권위 앞에서 당당하기보다 비굴하게 만든다.

우리가 의식하지 못하면서 쏟아내는 반말과 언어폭력이 치명적인 사고를 유발하고, 환자를 삶과 죽음의 갈림길에 서게 만들 수 있다. 반말로 구가 되는 언어폭력은 한국 사회의 아래에 있는 모든 사람의 능력을 저해하고, 한국 사회 전체의 재앙의 근원이 될 수 있다. 반말의 강도가 작은 것에서부터 큰 것에 이르기까지 그 반말의 정도에 상관없이.

권력에 아부하는 호칭

우리가 의식하든 못 하든에 상관없이 권력자의 직함을 생략하지 않고 지속적으로 반복하는 호칭법은 권력자와 일반 시민을 차별할 뿐만 아니라 그 차별을 강화하는 역할을 한다. 지속적인 직함의 반복은 권력자에게 과도의 권위 의식과 권력을 실어주고, 독자에게 권력자의 직위를 세뇌함으로써 권력자와 시민 사이의 위계질서를 공고하게 만드는 동시에, 아부하고 아부받는 문화를 조장한다.

I

'미시즈 박'에 놀란 한국 사람들

2015년 말 뉴욕타임스가 박근혜 대통령의 미국 방문을 보도하면서 박 대통령을 미시즈(Mrs)로 지칭하는 실수를 범했다. 이 사실이 한국 언론을 통해 우리의 귀에 들어왔을 때 한바탕 난리가 났다. 한국인들이 놀란 이유는 뉴욕타임스 같은 세계적인 언론사가 미혼의 박 대통령을 결혼한 여성으로 혼동했다는 실수 때문이 아니라, 대통령을 '미즈 박', '박근혜' 혹은 그냥 '박'으로 지칭한다는 사실 때문이었다.

『연합뉴스』가 '뉴욕타임스, 朴대통령에 'Mrs' 경칭 썼다 정정'이라는 제목으로 다음의 내용을 타전했고, 이 기사는 다른 신문사들로 삽시간에 퍼졌다. 실제로 『뉴욕타임스』는 정정 기사를 실었다.

> 미국 일간 『뉴욕타임스(NYT)』가 한국과 미국의 정상회담 관련 기사를 보도하며 박근혜 대통령에게 결혼한 여성에 붙이는 경칭 '미시즈(Mrs)'를 썼다가 정정했다. NYT는 16일(현지시간) '한미 대통령 회담'이라는 제목의 홈페이지 기사 말미에 "이 기사의 이전 판에 박근혜 대통령에게 부정확한 경칭을 썼다. 'Ms. Park'이지

'Mrs. Park'이 아니다"라고 밝혔다. 박 대통령을 기혼이라 짐작하고 혼인 여부에 상관없이 여성에게 붙이는 '미즈(Ms)' 대신 '미시즈'를 붙였던 것으로 보인다. 『워싱턴포스트』와 『월스트리트저널』 등 다른 언론은 '미즈'를 제대로 쓰거나 아예 '박'이라는 성만 써서 박 대통령을 지칭했다.[1]

She also pressed Mr. Obama about the potential for Korea to join the Trans-Pacific Partnership, the 12-nation trade accord completed last week.

"I believe that we make natural partners in terms of the T.P.P.," Ms. Park said, noting that the United States and Korea have their own, two-way, free-trade agreement. "And since T.P.P. negotiations have now been concluded, we will be engaging in closer cooperation with regard to Korea's possible participation."

Correction: *Oct. 16, 2015*
An earlier version of this article used an incorrect honorific for President Park Geun-hye of South Korea. She is Ms. Park, not Mrs. Park.

Somini Sengupta contributed reporting from the United Nations.

Follow the New York Times's politics and Washington coverage on Facebook and Twitter, and sign up for the First Draft politics newsletter.

A version of this article appears in print on Oct. 17, 2015, on Page A7 of the New York edition with the headline: Obama and South Korean Leader Emphasize Unity. Order Reprints | Today's Paper | Subscribe

"Obama and South Korean Leader Emphasize Unity"[2]

『뉴욕타임스』는 미혼의 대통령을 기혼으로 소개한 실수에 대해 사과했다. 그러나 그 당시 우리가 놀란 이유는 『뉴욕타임스』

의 실수 때문이 아니라 대통령에 붙은 '미즈'라는 호칭 때문이었다. 한국인들에게 '미시즈 박'과 '미즈 박'은 큰 차이가 없다. 다만 대통령에게 사용할 수 없는 호칭이라는 공통점이 있을 뿐이다. '미시즈 박'이든 '미즈 박'이든 우리의 귀에는 둘 다 '박 씨'로 들리고, 대통령을 '박 씨'라고 부르는 것은 그 당시만 해도 용서받기 어려운 불손한 하대법이었다.

한국인의 정서 속에서 "She is Ms. Park, not Mrs. Park"은 아무리 영어로 된 기사라도 "그녀는 미시즈 박이 아니라 미즈 박이다"로 해석되고, 대통령을 '그녀', '미시즈 박' 혹은 '미즈 박'이라고 지칭하는 것이 낯설게 느껴지던 시절이었다. 우리는 대통령을 지칭할 때는 이름 뒤에 반드시 '대통령'이라는 타이틀을 붙이고 기사에서 여러 번 반복되어도 '대통령'이라는 타이틀을 절대 생략하지 않는다. 길이를 최대한 짧게 줄여야 하는 신문 기사의 제목에서조차 '대통령'을 떼지 않는다. '박근혜 대통령'을 '박 대통령'이라고 줄일 수는 있지만, '박', '박 씨' 혹은 '박근혜'라고 지칭하지 않는다. 박근혜가 탄핵당하기 전에 누군가가 그녀를 '박근혜' 혹은 '박 씨'라고 불렀다면 종북세력이나 정신병자 취급을 받았을 것이다.

비슷한 시기에 미국 CBS 방송의 스티브 크로프트 기자가 오바마 대통령과 인터뷰를 진행했다.[3] 기자는 대통령과 같은 높이의 의자에 마주 앉았다. 그리고 두 사람 모두 과거의 대통령 부인을 '힐러리 클린턴'이라고, 부통령을 '조 바이든'이라고 부르고, 때에 따라 '힐러리', '조'라고 이름만 부르면서 질문과 대답을 이어갔다.

크로프트 **힐러리 클린턴의** 개인 이메일 서버 사용에 대해 알고 있었나요?

오바마 아니오. (…중략…)

크로프트 이 사실에 대해 알게 된 후에 당신은 어떻게 했나요?

오바마 이것은 적법한 문제 중 하나라고 생각해요. 그러나 지난 세 달 동안 이 문제가 계속 논란이 된다는 것은 대통령 선거의 정치적 시기가 왔다는 표시지요. (…중략…)

크로프트 당신은 **조 바이든이** 차기 대통령 선거에 도전하기를 바라나요?

오바마 나는 **조가** 스스로 결정하도록 할 거예요. 나는 **조가** 역대 훌륭하고 중요했던 부통령 중의 한 명으로 임기를 마칠 것이라고 생각해요. 그는 매우 훌륭한 일들을 해왔어요. 나는 정치인 중에서 대통령직에 대해 생각해 보지 않은 사람은 없으리라 생각해요.[4]

미국의 국민에게 대통령은 '미스터 오바마' 혹은 '오바마'이고, 전 대통령 부인도 '미즈 클린턴' 혹은 '힐러리'이다. 그들에게

백악관 루즈벨트룸에서 스티브 크로프트와 오바마 대통령(CBS)

는 한국 대통령도 '남한의 박근혜'이다.

그러나 우리는 대통령뿐만이 아니라 자신의 상관을 지칭할 때도 '박 아무개' 혹은 '박 씨'라고 하지 않는다. 항상 '박 부장님'이나 '이 회장님'과 같이 직위에 '님'까지 붙인다. 일반적으로 자신보다 낮은 사람을 지칭할 때만 '박 아무개' 혹은 '박 씨'라고 말한다. 최근에 한 칼럼니스트는 현직 국회의원을 직책 없이 '○○○'라고 이름 세 자로 지칭했다가 명예훼손으로 고소당하기도 했다. 전 원내대표이자 현 국회의원을 직책 없이 이름으로 지칭하는 것에는 모욕의 의도가 있다는 것이 이유였다.

미국인들이 서로를 이름으로 부르고, 대통령도 '너'이고, 대통령 부인도 '그녀'인 대화 구조를 보면서 다시 묻게 된다. 왜 우리는 '아무개 대통령'으로 시작하지 않으면 기사를 쓰는 것도 불가능하고 대화도 불가능한가? 만인이 평등하다는 민주국가에서 왜 일반 국민은 '박 씨'여야 하고 대통령은 '박 씨'이면 안 되는 것일까?

그러다가 갑자기 드는 생각. 우리가 프레임을 바꾸어 대통령을 포함하여 모든 공직자를 일반 시민과 동등하게 '대통령' 대신에 '씨'로 지칭하면 어떨까 상상해본다. 미국 대통령의 업무수행을 보도하는 신문 기사는 다음과 같다.

> President Obama all but clinched victory for his Iran nuclear deal on Tuesday, as two Democratic senators threw crucial support behind the landmark accord. (…중략…) Mr. Obama would veto any such resolution, and with further announcements of support for the accord expected as soon as Wednesday, any move to override him would almost certainly fail.[5]

영어 기사는 처음에만 '프레지던트 오바마'라고 한 후에 나머지 본문에서 프레지던트를 반복하지 않고 간단하게 '미스터 오바마'라고 지칭한다. 이런 호칭법의 가장 큰 장점은 직함을 반복하지 않고 시민과 동등하게 '미스터'로 지칭함으로써 직함에 주어지는 지나친 권위와 권력 실어주기를 막을 수 있다는 점이다.

과거에는 대통령의 호칭 뒤에 '각하'까지를 붙이던 시절이 있었다. 김대중 대통령 이후 '대통령 각하'에서 '대통령'으로 호칭이 바뀌었을 때, '대통령 각하'에 익숙했던 사람들은 처음에 무척이나 불편하고 불안했을 것이다. 그러나 20년 지난 오늘의 우리는 대통령 뒤에 '각하'를 붙이는 것이 어색할 뿐만 아니라 불합리하다고 느낀다. 마찬가지로 '김 대통령'이 '김 씨'로 바뀌는 날도 올 것이다. 그때 비로소 시민과 대통령이 동등한 위치에서 서로를 만날 수 있을 것이다.

2 한국 대통령과 미국 대통령의 차이

미국 기자들은 미국의 대통령과 외국 수장을 차별하지 않는다. 어느 나라 대통령이든 미스터나 미즈 혹은 성으로 지칭한다. 그러나 한국 기자들은 한국 대통령과 외국의 수장을 차별하여 지칭한다. 한국 기자들은 자국의 대통령에 대해서는 깍듯이 대통령이라는 직함을 붙여 예의를 다하는 반면에 외국의 수장을 지칭할 때에는 자주 직함을 빼고 성으로만 표기한다. 한국식 호칭 체계를 기준으로 보면 외국 수장의 직함을 빼고 성만 표기하는 것은 결례이다.

한국 언론에서 한국 대통령과 외국의 수장은 급이 다르다. 특히 신문 기사의 제목에서 한국 대통령과 외국 수장이 자주 차별된다. 지면의 사정상 기사 제목을 길게 달 수 없다는 어려움은 알고 있다. 그러나 좁은 지면 속에서 자기 나라 대통령은 '대통령'이라는 타이틀을 생략하지 않고 깍듯이 '박 대통령'이라고 지칭하면서 외국의 수장들은 '시진핑'과 '오바마'와 '아베'라고 부르며 '박' 수준으로 대우한다.

「**朴대통령－시진핑**, 韓中 정상회담서 무슨 얘기할까」(『중앙일보』, 2015.8.30)

「리얼미터 "**朴대통령** 지지율 50% 근접"」(연합뉴스, 2015.8.31)

「'아베담화' 이후 **아베** 지지율 회복세…닛케이 조사서 46%」(『아시아투데이』, 2015.8.31)

제목뿐만 아니라 기사 본문에서도 자주 차별이 발견된다.

아베 담화에 이어 다음날 발표된 **박근혜 대통령의 광복절 경축사는** 아베 담화의 내용에 아쉬움이 적지 않다고 원론적으로 지적하는 데 그쳤을 뿐 강한 비판은 자제하는 분위기가 역력했다.[6]

현재로서는 **아베 정권이** 계속될 가능성이 높다. 당내 경쟁자가 없는 데다 야당에도 **아베를** 대적할 만한 인물이 없어 **아베가** 재선될 가능성이 높다고 외신은 전한다.[7]

한국 언론에서는 '박근혜 경축사'나 '박 담화'라고 하지 않는다. 언제나 '박근혜 대통령 경축사' 혹은 '박 대통령 담화'라고 '대통령'을 꼭 붙인다. 반면에 일본 총리의 담화는 부담 없이 '아베 담화'라고 직함을 생략하여 '박 담화' 수준으로 낮춘다. 또 '박 정권'이라고 하지 않으면서 '아베 정권'이라고 쉽게 말한다.

2018년 트럼프 대통령과 푸틴 대통령의 회담 소식을 전하는 신문 기사도 마찬가지였다.

트럼프는 단호하고 확신에 차 대답하는 푸틴과 확연히 비교가 될 정도로 미숙한 모습을 보였다. '누구를 더 믿느냐'는 질문에 트럼프는 머뭇거리다 푸틴을 옹호했지만, 푸틴은 냉정했다. 푸틴은 "도대체 트럼프가 날 믿고, 내가 트럼프를 믿는다는 생각은 어디서 나온 거냐. 그는 미국을, 나는 러시아의 이익을 대변한다"고 답했다.[8]

그런데 왜 한국 언론은 자국 대통령을 지칭할 때는 '대통령'이라는 직함을 한 번도 빼지 않고 지속해서 붙이면서 외국 수장들은 달랑 '성'만 쓰는 것일까? 한국식 존대 예절에 비추어 볼 때 의식적으로든 무의식적으로든 한국 언론은 현직 한국 대통령과 비교하면 외국 수장들의 존대에 소홀하다. 기자들뿐만이 아니다. 한국 독자들도 이런 기사를 읽으면서 어색하게 느끼지 않는다. 한국의 기자와 독자 모두 이런 차별을 의식하지 못한다. 자기들끼리는 존대법에 매우 민감하면서 외국인 존대에는 둔감한 우리의 습성은 어디에서 생긴 것일까? 우리말과 달리 그들의 말에 존대법이 없으니 그들의 말에 맞추어 일부러 성만 표기하는 것은 아닐 것이다.

외국인들은 한국어 존대법을 모르니 그들에게는 존대법에 신경 쓰지 않아도 된다고 방심하는 것일까? 우리나라 대통령을 존대하지 않으면 곧바로 괘씸죄에 걸리고 피해가 생기지만, 트럼프나 푸틴이나 오바마나 아베는 존대법을 모르니 간단히 성으로 표기해도 어떤 대접을 받는지 모를 것이라고 무의식중에 생각하기 때문일까? 혹은 그 차이를 알더라도 외국 수장들은 우리와 너무 먼 관계여서 직접적으로 해코지할 수 없다고 생각하기 때문일까?

그러나 지금은 글로벌 시대이고 한국어도 세계화되었다. 이 정도를 구분할 만큼 한국어를 잘하는 외국인도 많다. 외국인이니까 모르겠지 하고 생각하며 외국인에게 대충 말해도 되는 시대는 끝났다. 조만간 한국어를 배우는 외국인들이 한국의 신문 기사를 보며 진지하게 물을 날이 올 것이다. 왜 한국인들은 한국 대통령과 외국 수장들을 차별하여 대우하느냐고.

3 권력자의 힘에 비례하는 언론의 호칭

한국 언론은 관련된 인물이 현재 가지고 있는 힘의 크기에 정확히 맞추어 그 호칭을 구분한다. 특히 권력자와 일반인을 구분하여 권력자는 이름 뒤에 반드시 직함을 붙이고 일반인은 이름 뒤에 '씨'를 붙인다. 권력자의 이름이 반복될 때도 지면을 많이 차지하는 불편함에도 불구하고 그 직함을 생략하지 않고 계속 반복한다. 한국어 존대법은 왜 직위를 강조하는 호칭법을 가지고 있을까?

언론에서 일반인은 '○○ 씨'라고 지칭하는 반면에 정치인, 고위공직자, 기업인 등 각종 조직에서 높은 지위에 있는 사람은 '이 장관,' '박 의원'과 같이 직함을 붙여 지칭한다.

일반 시민 정주현은 처음부터 끝까지 '정주현 씨' 혹은 '정 씨'이다.

> "천안함 장병은 해군 안에서 관심 장병이지 영웅이 아니에요." **정주현(28, 2015년 제대)** 씨는 군 내부에서 천안함 생존 장병들이 패잔병 취급을 당한다고 했다. 폭침의 책임을 생존 장병에게 돌리는 이들도 있었다. (…중략…)

> **정 씨만** 이런 일을 겪은 게 아니다. '천안함 조사' 결과를 보면 24명 중 무려 21명(아니다 1명, 무응답 2명)이 군대에서 패잔병이라는 말을 들었다.[9]

반면에 외교부 장관 강경화는 계속 '강경화 외교부 장관' 혹은 '강 장관'이며, '강경화 씨'나 '강 씨'로 지칭하지 않는다.

> **강경화 외교부 장관이** 2015년 한－일 일본군 '위안부' 피해자 문제 합의와 관련해 "모든 게 가능하다. 그렇지만 그 결과에 대해서도 충분한 생각을 하고 결정을 해야 될 것"이라고 말했다. **강 장관은** 4일 아침 (…중략…) 밝혔다.[10]

일단 기사의 첫 부분에 '강경화 외교부 장관'이라고 지칭했으면 그다음에는 '강경화 씨' 혹은 '강 씨'라고 해도 누구를 지칭하는지 충분히 알 수 있다. 그런데 어떤 언론사도 그렇게 하지 않는다. 같은 기사 내에서 '강 장관'이라고 직함을 계속 반복한다.

더욱 특이한 현상은 고위직에 있었던 사람은 그 보직에서 물러나도 그 직함을 계속 붙여서 지칭한다는 점이다. 한국에서는 한 번 비서실장이면 평생 비서실장이다.

> 검찰이 박근혜 정부 당시 청와대가 대기업을 압박해 보수단체

> 의 관제시위를 지원했다는 '화이트리스트' 사건과 관련해 **김기춘 전 청와대 비서실장(78)**에게 소환을 통보했지만 불응했다. (…중략…) 검찰은 지난 11월 6일 허현준 전 청와대 국민소통비서관실 행정관을 구속 기소하며 **김 전 실장**과 **조윤선 전 청와대 정무수석**을 화이트리스트 사건의 공범으로 적시한 바 있다.[11]

청와대 비서실장이었던 김기춘은 그 자리에서 물러난 후에도 계속 비서실장이다. '전'이라는 수식어가 붙기는 하지만 여전히 이름 뒤에 그 직함을 붙여서 '김기춘 전 청와대 비서실장', '김기춘 전 비서실장' 혹은 '김 전 실장'이라고 부르며, 특별한 상황이 발생하지 않는 한 '김 씨'로 떨어지지 않는다.

그러나 예외가 있다. 과거의 권력자가 사회적으로 힘을 쓸 수 없는 신분으로 떨어지면, 이름 뒤에 '씨'가 붙기 시작한다. 박근혜 전 대통령의 호칭이 '박근혜 대통령'에서 'B'와 '朴'으로 그리고 마침내 '박 씨'로 변해가는 과정은 한국의 호칭법이 권력의 크기에 얼마나 민감한가를 보여준다.

최순실 게이트로 박근혜 대통령이 탄핵 국면에 들어가기 시작했을 때 박 대통령을 지칭하는 방법이 변화하기 시작했다. 아직 탄핵당하기 전이었지만 대통령의 지위가 확실히 흔들리기 시작했을 때 언론은 애매하게 로마 알파벳을 사용해서 'B'라고 지칭했다. 그러나 이때까지도 그를 차마 '박근혜' 혹은 '박'이라고 부르지는 못했다.

> B가 무려 42년 동안 최태민 일가와 인연을 맺어오면서 거의 맹목적인 신뢰를 보여온 현상을 두고, 이해할 수 없다는 사람들이 많은 게 사실이다. 1970년대 20대 B는 절대권좌의 맏딸로서 치명적인 부모 사별을 잇따라 겪으면서 인생의 격렬한 부침을 경험한다.[12]

그러다가 역사상 처음으로 탄핵으로 강제로 대통령을 자리에서 내려와야 할 상황이 가까워지자 언론은 대통령을 '朴'으로 줄여서 기사 제목으로 달았다.

> 「헌재 "朴 최종변론기일 출석땐 질문 받는다"」(『국민일보』, 2017.2.17)

아무리 신문 기사의 제목이라고 하더라도 그리고 한자를 사용한다고 하더라도 대통령이 건재한 상황이면 절대로 대통령을 '박'으로 줄여서 지칭하지 않았었다. 대통령을 '박'으로 지칭했다는 것은 그가 대통령으로서 구가할 수 있는 힘이 없어졌음을 암암리에 반영한다.

박근혜가 탄핵으로 대통령 자리에서 물러난 지 채 일 년이 안 된 2018년 1월의 기사에서는 박근혜가 '박 씨'로까지 떨어진다.

> **박근혜 전 정부**하에서 3년 반가량 근무한 전직 청와대 조리장의 증언은 사실이었다. 박근혜 정부 집권기간 동안 **최 씨**가 수시로 관저를 방문해 **박 씨**를 접견했고 그때마다 안봉근·이재만·정호성 전 청와대 비서관들이 **최 씨**를 영접한 것을 본 복수의 목격자가 존재했다. 이 같은 증언은 지난 16일 오후 5시부터 비공개로 전환된 전 대통령 **박근혜 씨**의 국정농단 사건 109회 공판에서 확인됐다.[13]

박근혜를 '박 씨'와 '전 대통령 박근혜 씨'로 지칭한 이 기사는 한국 언론이 공직자가 가지고 있는 힘의 크기에 따라 얼마나 민감하게 반응하는가를 보여준다.

권력에 대한 한국 언론의 민감성을 보면서 한국에서 존대법이 예절 지키기인지 아니면 권력에 대한 눈치 보기인지 혼동되기 시작한다. 가만히 반문해본다. 한국어 존대법이 예절을 지키기 위한 것인가, 아니면 윗사람에게 아부함으로써 이익을 얻어내기 위한 것인가?

4 김일성 극존대법

70여 년의 분단에도 불구하고 남한과 북한은 같은 언어, 같은 문자를 사용한다. 존대법을 여전히 보전하고 있는 것도 비슷하다. 그러나 각 정부의 수장에 대해 남한과 북한의 존대법은 정반대의 방향으로 진화하고 있다.

남한과 북한 존대법의 가장 큰 차이는 각각의 수장에 대한 존대법이 점점 반대 방향으로 가고 있다는 점이다. 정권 초기에 존대법을 축소하고자 했던 북한은 6·25전쟁 이후 김일성 우상화와 독재체제 강화를 위해 극존대법을 채택하면서 존대법을 강화하는 쪽으로 방향을 전환했다.

북한의 『조선말례절법』[14]에서 규정한 김일성 극존대법은 크게 4가지이다.

> 첫째, 김일성에 대하여 말을 하거나 글을 쓸 때 '께서'와 '께'와 '-시-'를 사용한다. 술어가 두 개 이상일 때에도 "주시고 싶어 하시는 어버이 수령님이시였다"에서처럼 각각의 술어에 '-시-'를 중복해서 붙여야 한다.

둘째, 김일성의 이름 및 다른 명칭 뒤에 '-님'이나 '동지'를 붙인다. 더 정중하게 표현하기 위해 '절세의 애국자이시며 민족적 영웅이시며 백전백승의 강철의 령장이시며 국제공산주의운동과 로동운동의 탁월한 령도자이신 우리 당과 인민의 위대한 수령 김일성 동지' 등과 같이 존칭 수식사를 반복하여 최대의 존경과 흠모의 감정을 나타낸다.

셋째, 김일성과 다른 사람이 이야기에 동시에 등장할 때 상대방을 낮춤으로써 김일성에게 최대의 존경을 나타낸다.

넷째, 김일성에 대한 표현을 문장의 앞에 둔다.

김일성 일가를 존대하기 위하여 이들이 주어일 때 항상 '께서'를 붙이고 모든 동사에 '-시-'를 반복적으로 붙여서 존대의 크기를 강조한다. 또한, 김일성 일가의 이름 앞에 때로는 64음절이 넘는 긴 존대 수식어를 붙여서 최대의 존경을 표시한다. 동시에 김일성 일가만 높이고 이야기에 등장하는 다른 모든 인물을 낮춘다. 남한 대통령이 되었든 미국 대통령이 되었든 예외 없이 그들을 낮추고 김일성 일가만 높여서 존대를 극대화한다. 마지막으로 김일성 일가를 무조건 문장의 맨 앞에 둔다. "**위대한 령도자 김정일 동지께** 김대중 대통령이 선물을 드리였다"에서처럼 어느 누구도 김일성 일가보다 문장의 앞쪽에 올 수 없다.

김일성 극존대법은 1950년대에 김일성에서 시작하여 2010

년대 현재 그 손자에게까지 70여 년간 지속적으로 확산되고 강화되어 왔다. 극존대법의 강화와 함께 김일성 일가는 누구도 침범할 수 없는 최고의 위치를 차지하고 절대적인 복종을 끌어내고 있다. 북한의 언어학자들은 극존대법이 인민들을 세뇌하기 위한 강력한 장치라는 것을 처음부터 알고 있었다. 그들은 언어의 힘을, 존대법의 위력을 알고 있었다.

남한에서도 1950년대에는 북한과 비슷한 수준의 대통령 존대법이 있었다. 1958년 방송에서는 대통령뿐만 아니라 부통령에게까지 '각하'라는 칭호가 붙었다.

> **이 대통령 각하는** 부인을 **동반하시고** 오늘부터 7일까지 연 3일간 자유월남 우방을 예방하게 **되신 것입니다. 장면 부통령** 각하 사열대 바로 왼쪽에, 약 1m 왼쪽에 **자리를 잡으셔서 이 대통령 각하를** 전송하기 위해서 **나와 계십니다.**[15]

이 당시에 대통령은 극존대의 대상이었다. 대통령 각하는 국민보다 높은 사람이고 국민은 그의 밑에 있었다.

그러나 '이승만 대통령 각하'에서 시작된 호칭은 '박정희 대통령 각하'와 '전두환 대통령 각하'까지 이어지다가 김대중 대통령 이후 공식 석상에서 '각하'를 사용하는 관례가 깨졌다. 남한 언론은 2000년 김대중 대통령의 북한 방문 보도를 평어체로 전달했다.

대통령의 행적을 보도할 때, '각하'와 '께서'와 '-시-'가 사라지고, '○○○ 대통령이 -했다'는 평어체가 정착되었다. 마침내 남한 언론에서 대통령과 국민의 높이가 동등해지는 순간이었다. 대통령이 국민의 윗사람이 아니며 국민 또한 더 이상 대통령 밑에 있지 않다는 평등 어법이다.

> 김대중 대통령은 오늘 오전 북한 김정일 국방위원장과 역사적인 남북정상회담을 갖기 위해 평양 순안공항에 도착했습니다. 김 대통령은 오늘 오전 10시 30분 부인 이희호 여사와 함께 특별기편으로 순안공항에 도착해 트랩에서 기다리고 있던 김정일 국방위원장과 악수를 나눴습니다.[16]

2000년 6월의 남한과 북한 언론의 기사는 두 사회에서 국민과 수장의 높이가 얼마나 차이 나는가를 보여준다.

> (북한 기사) 김정일 령도자께서는 김대중 대통령과 축배를 나누시고 기념사진을 찍으시었다.
>
> (남한 기사) 김대중 대통령은 2박 3일 동안의 평양 방문을 마치고 15일 오후 귀국, 서울공항에서 다음과 같은 요지로 방문 결과를 설명했다.[17]

북한에서는 김일성 일가의 이름마저도 우상화와 독점화의 대상이다. 북한은 1960년대에 김일성 '유일사상' 체계를 확립하는 과정에서 '김일성'이라는 이름을 아무도 사용하지 못하도록 했다. 1970년대에 김정일이 후계자가 된 후에는 '김정일'뿐만 아니라 '정일'이라는 이름의 사용도 금지했다. 그런데 2011년에 또 하나의 금지령이 내렸다.

> 김 제1비서가 권력 전면에 막 등장할 무렵인 2011년 1월 5일 김 국방위원장은 '비준과업'이란 문건을 하달했다. **문건에 따르면 북한 당국은 이미 '김정은'이란 이름을 가진 주민들에게 스스로 이름을 고치도록 지시하고, 출생신고서 등 각종 신분증명서도 수정토록 강제했다. (…중략…) '김정은'뿐 아니라 '정은'도 못 쓰게 했다.**[18]

그런데 이름 독점과 관련하여 북한과는 다른 차원에서이지만 남한에서도 특이한 일이 있었다.

> 24일 특허청에 따르면 삼성은 지난 2006년 3월 '이건희'와 '李健熙', 'kun-hee lee'를 상표 출원했다. 상표 출원은 삼성네트웍스가 했고, 특허청 심사를 거쳐 1년 뒤인 2007년 3월 이름당 21만 1000원을 내고 상표등록했다. 상표 '이건희'는 상표법상 종이·인쇄물 상표에 해당하는 '16류'로 등록됐다. 16류 상품이란 쉽게 말

> 해 서적 · 정기간행물 · 화보 · 연감 등에 이건희라는 이름을 쓸 권리가 삼성에 있다는 뜻이다. 삼성은 같은 시기에 동일한 방법과 조건으로 '홍라희'와 '이재용', '이부진', '이서현'도 상표등록했다. (…중략…) 한글과 영 · 한문을 포함해 상표등록된 이 회장 일가 '이름 상표'는 모두 39개다. (…중략…) 국내에서 개인 성명을 상표등록한 경우는 극히 드문데, 연예인 가운데 배우 배용준 씨가 자신의 이름을 상표등록한 사례가 있다. 국내 재벌 총수 가운데 이름 석 자를 브랜드화하고 있는 사례는 삼성이 유일하다.[19]

삼성 관계자는 삼성 일가 이름을 상업적으로 이용하거나 악의적으로 도용할 가능성을 막으려는 조치로 알고 있다고 말했다. 그러나 북한의 김일성 삼대의 이름 독점과 삼성 일가의 이름 독점이 무엇인가 공통점이 있는 것처럼 느껴지는 것이 지나친 비약일까? 한국인의 존대법 정서 속에는 자신의 이름을 남들이 사용하지 못하게 만드는 것이 자신의 권위를 지키는 방법이라는 잠재의식이 존재하는 것일까? 누군가를 이름으로 부르는 것이 그를 하대하는 것으로 느껴지는 존대법의 정서 때문일까?

역사 이래 처음으로 남한에서 남북정상회담이 열리고, 싱가포르에서 북미정상회담이 열리고, 북핵 포기와 종전이 거론되는 요즘이다. 그러나 조심스럽게 묻게 된다. 김정은에 대한 극존대법으로 길들여진 북한인들의 잠재의식 속에 김정은에 대한 우상화가 얼마나 뿌리 깊게 박혀있는 것일까?

21세기 변화를 따라잡지 못하는 존대법

고대 그리스 시대에서는 논리적이고 공개적인 논쟁으로 중대사를 결정하고 남자의 능력을 판단했다니, 서구식 문명이 세상을 지배하는 오늘의 국제 사회에서 논쟁 능력이 얼마나 중요한가를 굳이 강조하지 않아도 알 수 있다. 한국 사회가 논리가 통하고 토론이 가능한 사회로 비약하려면, 모든 국민이 동등한 위치에서 논리를 기반으로 서로의 생각을 주고받을 수 있어야 한다. 이를 위한 첫걸음은 토론의 매체인 '말'의 평등 즉 '평등한 언어'가 전제되는 것이다.

I

한국 엄마와 유대 엄마의 차이

아이가 학교에 입학하는 첫날, 한국 엄마들은 아이에게 당부한다. "얘야, 학교에 가면 선생님 말씀 잘 들어야 한다." 내 어머니는 나에게, 나는 내 아이에게 똑같이 말했었다. 그러나 유대인 엄마들은 그 이야기를 들으면 깜짝 놀란다. 유대인 엄마들은 반대로 아이에게 "교실에서는 반드시 질문을 해야 한다"고 일러 보낸다. 『탈무드』도 '교사가 이야기하면 학생은 거기에 대해 질문해야만 한다'고 가르친다.

어느 사회에서나 부모는 자식이 그 사회에서 최고가 되기를 바란다. 그런데 최고가 되는 방법에는 두 가지가 있다. 하나는 남들과 비교하여 일렬로 줄을 세웠을 때 제일 앞자리에 서는 것이고, 다른 하나는 남들과 비교할 수 없을 만큼 완전히 다르고 독특하게 되는 방법이다.

한국에서 20여 년째 살고 있는 네덜란드 출신 마틴 메이어 Maarten Meijer 교수는 한국인은 등급에 굉장히 관심이 많다며 놀라워했다.

그의 말처럼 한국인은 등급과 등수에 유난히 민감하다. 이런 성향 뒤에는 모든 인간관계를 서열로 정리하는 존대법 정신이 숨어 있다. 존대법으로 말하려면 남들과 자신을 비교하는 것이 필수적이며 존댓말을 듣기 위해서는 남보다 '윗자리'에 올라야 한다. 존대법은 남들과 비교하여 자신의 위치를 확인하고, 남들보다 높아지기를 지향하게 만든다.

한국의 부모들은 자신의 아이가 그룹에서 가장 앞선 사람이 되기를 기대한다. 부모들은 아이가 학교에 들어가기 전부터 '학교에 가면 선생님 말씀 잘 들어야 한다'고 훈련시킨다. 학생의 능력은 시험 점수로 확인되고 시험에는 항상 정답이 있다. 학생은 선생님의 설명을 잘 듣고 그것을 암기하면 된다.

반면에 유대인 부모들은 아이가 '남보다 뛰어난 사람'보다는 '남과 다른 사람'이 되기를 바란다. 유대인 부모는 '학교에 가면 반드시 질문하고 와야 한다'고 훈련시킨다. 학교 수업은 토론 위주로 진행되고 학생의 능력은 토론 능력으로 평가되며 토론에는 정답이 없다. 자기 생각을 얼마나 논리적으로 정리하여 상대를 설득할 수 있는가, 얼마나 독창적인 생각을 하는가가 기준이다. 유대인은 평등한 관계에서 질문하고 토론하기를 배우는 것이 교육의 시작이자 끝이라고 생각한다.

유대인의 세계에서는 학문이 존중되는 만큼 교사의 지위도 아주 높다. 하지만 진리를 파헤치기 위해 끝없이 질문한다는 것은 기존 권위에 대한 도전을 전제로 한다. 유대교는 학생이 앉아 있다가도 교사가 지나가면 반드시 일어서라고 가르치고, 유대인은 탈무드에서도 일상생활에서도 랍비에 대해 대단한 존경심을 한없이 드러낸다. 그러나 존경심과 그들의 견해에 대한 토론이나 논쟁은 별개이다. 유대인 학생들은 누구의 주장에 대해서도 서로 반박하고 이의를 제기하고 다른 관점을 제시한다.

유대인 학생들은 랍비나 선생님을 대할 때 자연스럽게 서로의 의견을 주고받으며 진실에 대해 토론한다. 랍비들은 학생들에게 배우는 랍비를 최고의 랍비로 여긴다. 그러니 가르치는 자의 절대적인 권위라는 것이 있을 수 없다. 토론과 논쟁의 장에서는 함께 알아가는 사람들이 있을 뿐이다.[1]

메이어는 한국 교육과 관련하여 세 가지에 놀랐다.[2]

첫째는 한국 학생들이 교사를 대하는 태도였다. 그는 한국 학생들이 교사를 제2의 부모로 대하고, 스승과 제자의 관계가 마치 부모와 자녀 관계처럼 믿음으로 이루어지는 것에 감동했다.

둘째는 한국 초중고등학교의 높은 교육 효과였다. 2002년 유니세프의 이너세티 연구소에서 세계 24개 선진국의 14~15세 학생들의 교육수준을 조사한 결과 한국 학생들이 수학, 과학, 문법의 기초과목에서 최우수 평가를 받았다. 메이어 교수는 초중고등학교에서 최고의 효과를 발휘하는 한국식 교육의 장점에 놀랐다. 이 조사에서 영국은 7위, 미국은 18위를 했다.

그러나 메이어가 주목한 세 번째 놀라움은 초중고와 비교하면 한국 대학 교육의 수준이 현저히 떨어지는 기현상이었다. 스위스에서 실시한 대학 경쟁력 조사결과 한국은 조사 대상 47개국 중 43위로, 대학 경쟁력에서 최하위권이었다. 그는 '한국에서 초중고와 대학 사이에 교육의 효과가 왜 이렇게 큰 차이가 나는 것일까?'를 반문했다.

메이어는 서양과 한국의 교육모델을 비교하면서, '서양의 교육모델은 의심에서 출발하는 회의주의가 바탕이며, 질문법이 서양식 교육의 주축을 이룬다. 따라서 서양에서는 교사가 설명하는 것은 언제든지 이의 제기를 받는다. 반면에 한국의 교육모델은 믿음을 바탕으로 이루어지며, 서술법이 한국 교육의 주축을 이룬다. 한국을 비롯한 동아시아 대부분의 나라에서 지식은 교사에게 물려받는 것으로 보기 때문에 대화가 아니라 선생님의 독백 형식으로 수업이 이루어진다'라고 분석했다.

메이어는 한국 대학 교육의 약점을 교수 중심의 설명식 교육, 기존의 이론에 대한 의심 부족, 다양한 토론의 부재에 있다고 지적했다. 그는 "한국에서는 근본적으로 교사의 권위가 도전받을 수 없는 위치에 있다. 그래서 교사는 믿을 수 있는 지식의 근원이고, 학생은 교사가 설명해주는 그대로를 지식으로 받아들인다"고 지적하기도 했다.[3]

한국 대학에서 학생들을 가르치는 외국인 박개대 교수는 한국인들은 무엇이든 매우 잘 배우고 매우 빠르게 배우는 점이 부럽다고 말한다. 그러나 한국인들은 권위 있는 사람이 말하면 그 말을 그냥 믿고, 똑같이 받아 적고, 그대로 따라가는 경향이 있다고 꼬집는다. 그는 한국의 주입식 교육은 남들이 해놓은 것을 빨리 배우는 장점이 있지만 대신에 자기 자신에 대한 확신을 빼앗고, 자기 생각을 밀고 나가는 힘과 자신감을 축소한다는 비판도 빼지 않는다. 그는 미국 교사들은 학생들이 독립적으로 생각하는 능력을 매우 높게 인정해주고 이런 독립적인 사고 습관은 젊은이들이 자신의 아이디어를 고수하고 자신감을 높이는 동력이 된다고 말하는 것도 잊지 않았다.

한 탈북 대학생은 '나는 한 번도 비판적으로 생각하는 법을 배워본 적이 없습니다I just never learned to think critically'라고 말했다.[4] 그러나 이것이 어디 북한만의 이야기이겠는가. 어른에게 공손해야 하는 존대법으로 길들여진 남북한의 젊은이들 모두에게 적용되는 이야기일 것이다. 한국 아이들은 초등학교 때부터 질문하기보다 선생님이 가르쳐준 정답 찾기를 먼저 배운다. 그리고 대학생이 되면 선배와 교수의 권위에 복종하는 법을 배운다. 아인슈타인은 "진리의 가장 큰 적은 권위에 대한 무조건적인 존대이다Unthinking respect for authority is the greatest enemy of truth"라고 말했다.

2 한국 기자들의 침묵

'개인의 자율성'을 중시하였던 고대 그리스 문화는 자연스레 논쟁의 문화를 꽃피웠다. 호메로스는 남자의 능력을 평가하는 근거로 전사로서의 전투 능력과 논쟁자로서의 논쟁 능력을 들었다. 고대 그리스에서는 일개 평민일지라도 왕의 의견에 반기를 들고 왕과 논쟁을 벌일 수 있었고, 설득을 통하여 군중을 자신의 편으로 만들 수 있었다. 논쟁은 저잣거리에서도, 의회에서도 벌어졌으며 심지어는 위계질서가 엄격한 군대 내에서도 일어났다. 다른 문화권에서와는 달리 그리스에서는 국가의 중대사에서부터 매우 사소한 문제에 이르기까지 많은 일들이 공개적인 논쟁을 통하여 결정되었다. 사정이 이러하니, 고대 그리스에서 독재가 그리 많이 발생하지 않았고 설사 독재자가 득세하더라도 곧 과두 정치나 민주주의(기원전 5세기경)로 대체된 것은 그리 놀라운 일이 아니다.[5]

호메로스는 남자의 능력을 평가하는 두 가지 기준으로 '전투 능력'과 '논쟁 능력'을 꼽았다. 서양에서는 3000년 전부터도 '논쟁 능력'이 훌륭한 남자가 되는 기준이었다니 놀랍지 않은가?

그러나 한국인들이 가장 어려워하는 것은 상관의 말에 반대하는 것, 그다음은 질문하는 것이다. 유치원에서부터 '선생님 말씀 잘 듣기' 교육을 받는 한국인들은 질문하기를 정말 어려워한다. 오바마 대통령의 기자회견은 한국인의 질문 실력이 얼마나 형편없는가를 보여준 상징적인 사건이었다.

2010년 9월 서울에서 열린 G20 정상회의 끝에 오바마 대통령이 폐막 연설을 했다. 오바마 대통령은 연설 후 한국 기자들에게 일정에 없었던 질문 기회를 즉석에서 주었다.

"한국 기자들에게 질문권을 드리고 싶군요. 정말 훌륭한 개최국 역할을 해주셨으니까요."

(오바마 대통령의 갑작스러운 질문권 제안에 한국 기자들 침묵한다.)

"누구 없나요?"

(다시 한번 어색한 정적이 흐른다.)

(오바마 대통령이 다시 말한다.)

"한국어로 질문하면 아마도 통역이 필요할 겁니다. 사실 통역이 꼭 필요할 겁니다."

(오바마의 영어 통역 배려에 청중이 웃음을 터뜨린다. 그러나 한국 기자의 질문은 없다.)

(한 기자가 손을 들자 오바마가 고개를 끄덕거린다.)

"실망시켜 드려서 죄송하지만 저는 중국 기자(루이청강 CCTV 기자)입니다. 제가 아시아를 대표해서 질문을 던져도 될까요?"[6]

(오바마는 그의 말을 자른다.)

"하지만 공정하게 말해서 저는 한국 기자에게 질문을 요청했어요. 그래서 제 생각에는……"

(그때 중국 기자가 다시 오바마의 말을 자른다.)

"한국 기자들에게 제가 대신 질문해도 되는지 물어보면 어떨까요?"

(오바마 대통령이 대답한다.)

"그건 한국 기자들이 질문하고 싶은지에 따라 결정되겠지요."

(웃으면서 다시 묻는다)

"(한국 기자들에게) **없나요? 질문할 사람 아무도 없나요?"**

(침묵)

"없나요? 아무도 없나요?"

(침묵)

"없나요? 아무도 없나요?"

(침묵)

(세 차례 계속 물었지만, 질문하는 한국 기자가 나타나지 않는다.)

(오바마 대통령은 난감한 듯 어색하게 웃는다.)

(결국, 질문권은 중국 기자가 가져갔다.)

중국 기자는 오바마에게 질문했다.

"최근 미국 정부가 내놓은 여러 대책이 미국의 이익을 위해 다른 나라들을 희생시키는 것이라는 지적이 있는데 어떻게 생각하십니까?"

한국의 환대에 감사하는 마음으로 오바마는 한국 기자들에게

〈EBS [다큐 프라임] 왜 우리는 대학에 가는가 - 5부 말문을 터라〉[6]

즉석에서 질문할 기회를 주었지만 손을 드는 사람이 없었다. 오바마가 "누구 없나요?"를 세 번이나 반복하며 질문을 기다렸지만 한국 기자들은 끝까지 침묵했다. 이 기회를 가로챈 것은 중국 CCTV의 루이청강 기자였다. 그는 아시아를 대표해서 질문해도 되겠냐며 한국 기자에게 주어진 질문권을 빼앗아갔다.

중국 기자의 질문은 그 장면을 목격한 모든 한국인을 충격에

빠트릴 만큼 놀라웠다. 한국 기자에게 주어진 질문권을 빼앗다시피 하며 집요하게 질문권을 요구하는 그의 적극성도 놀랍고, 미국 대통령과 동등한 위치에서 질문하는 용기도 놀랍고, 미국 대통령을 당황하게 만든 날카로운 질문 내용도 놀라웠다.

어느 나라에서나 그 나라 최고의 엘리트인 동시에 질문하는 것이 직업인 사람들이 기자들이다. 그런데 한국의 대표 언론사들의 기자들이 모여 있던 그 자리에서 오바마 대통령이 구애를 하다시피 하며 세 번씩이나 기회를 주어도 한 마디의 질문도 하지 못했다는 사실에 대해 어떻게 해석해야 하는 것일까? 오바마의 기자회견은 한국인들의 질문 능력의 수준을 보여준 상징적인 사건이었다.

언론인 사이에서도 이 사건이 얼마나 충격적이었던지 한국 공영방송사에서는 '한국인들은 왜 이렇게 질문을 못 하는가'를 집중적으로 취재하기도 했다. 오바마 회견 장면을 다른 기자들에게 비디오로 보여주고 어떤 생각이 드냐고 질문했다. 이 상황을 본 기자들도 한국 사람들이 진짜 질문을 안 한다고 확인하면서 그러나 자신들도 그 자리에 있었다면 질문하지 않았을 것이라고 말했다.

피디　다 보고 나시니까 어떠세요?

기자1　한국 사람들 진짜 질문 안 한다.

기자2 질문하는 건 내가 부족하다는 것을 남들 앞에서 드러내야 하는 거고 그런 것에 대한 부담에서 몰라도 아는 척…….

기자3 다른 기자들이 뭐 저런 질문을 하느냐고 말은 안 하지만 비아냥거리거나 눈치를 주거든요.

피디 기자님이시라면 저 자리에서 질문했을 것 같으세요?

기자1 안 했을 것 같아요.

기자2 제가 그 분위기를 깨고 먼저 손을 들진 못했을 것 같아요.[7]

그런데 무엇이 한국 기자들을 이렇게 깊은 침묵에 빠지게 만드는 것일까? 또다시 영어를 핑계로 대며 영어 울렁증 때문에 질문을 못 한 것이라고 진실을 외면할 것인가? 아니다. 한국인들이 질문을 못 한 이유는 존대법 밑에 깔려있는 서열 문화와 질문과 토론을 불가능하게 만드는 상명하복 문화 때문이다.

밥상에서 수저 들기에서부터 노래방에서 노래 부르기까지 모든 것이 나이와 기수와 계급 순으로 진행되는 한국식 존대 문화는 공식적인 모임에서 질문하는 순서에도 그대로 적용된다. 기자가 소속된 언론사의 규모와 기자가 언론사에 들어간 수습 기수期數에 따라 암암리에 위아래가 결정되는데 기자가 그 서열을 깨고 질문을 하면 위아래를 모르는 사람이 된다. 오바마가 즉흥적으로 질문권을 주었을 때, 설령 질문하고 싶은 내용이 있었다고 하더라도 그 자리에 있었던 한국 기자들 사이에서 누가 질문권을 행사해도 되는 위치인지 그 서열을 계산하기가 어려웠을 것이다.

한국 기자들이 질문을 못 한 또 다른 이유는 오바마 대통령이 즉흥적으로 질문 기회를 제안했기 때문일 것이다. 과거에 한국의 대통령 기자회견은 대부분 미리 짜여 있는 시나리오를 따라 진행되었다. 즉 질문할 기자의 순서도 미리 정해져 있고 기자가 질문할 내용도 미리 대통령 측에 전달된다. 기자회견이 시작되면 대통령이 발언한 후 미리 배당된 순서에 따라 언론사별로 기자가 질문하고 대통령은 준비된 답을 말하는 식으로 진행되었다. 대통령 기자회견의 경우 미리 질문 만들기와 준비된 대답 듣기에 익숙한 한국 기자들은 예정에 없었던 오바마의 질문 요청에 당황할 수밖에 없었다.

미국에서도 대통령 회견에서 유력 매체 순으로 또는 선임자 순으로 질문하는 식의 관행적인 질문 순서가 있다. 그러나 어떤 질문을 할 것인지를 대통령 측과 미리 조율하지는 않는다. 질문 내용을 먼저 알려주는 것 같은 커닝은 없다. 대통령과 기자 양측 모두 첨예한 국정 문제에 대해 각자 다각도로 질문을 준비하고 답을 준비한다. 한국의 대통령 기자회견은 서로 평등한 입장에서 논리의 힘으로 토론하는 토론 문화가 없음을 보여주는 단적인 사례이다.

대통령이 윗사람으로 인식되고 윗사람에게 질문하는 것이 버릇없는 행동으로 이해되는 문화가 계속되는 한 똑같은 상황이 다시 와도 기자들이 질문하기는 쉽지 않을 것이다. 한국 사회가 논리가 통하는 사회, 토론이 가능한 사회로 비약하려면 모든 국민이 동등한 위치에서 서로의 생각을 주고받을 수 있어야 한다. 이를 위한 전제조건은 '평등한 언어'이다.

3 권위를 실어주는 존대법

한국에서 교수의 권위는 누구도 침범할 수 없을 만큼 높다. 중국에서뿐만 아니라 일본에서도 교수는 교수일 뿐 '교수님'이라고 부르지는 않는다. 중국 학생들은 교수에게 '왕 교수, 안녕' 하고 인사하고, 일본 학생들은 '안녕하세요, 다나까 교수'라고 인사한다. 그러나 한국에서 학생들에게 교수는 언제나 '교수님'이다. 층층이 쌓여 있는 존대법은 한국 교수에게 누구도 도전하기 힘든 높은 권위를 실어 주는 핵심 도구이다.

대학은 다른 어느 사회보다 구성원들의 평등이 보장되는 평등사회이어야 함에도 불구하고 한국에서 대학은 가장 엄격한 존대법 서열이 강요되는 철저한 언어계급 사회이다.

한국 대학 안에서는 호칭을 사이에 두고 확실한 계급이 있다. 물론 교수가 최상위 계급이다. 학생들이나 직원들은 교수의 이름을 부를 수 없다. 그냥 '김 교수'라고 부를 수도 없다. 반드시 교수 뒤에 '님'까지 붙여서 '교수님' 혹은 '김 교수님'이라고 불러야 한다.

교수 밑에 조교가 있고, 조교 밑에 학생이 있다. 교수는 조교를 '이 조교'라고 부르지만, 학생들은 반드시 '님'을 붙여서 '조교님'이라고 부른다. 학생들은 조교를 '이 조교'라고 부를 수 없고 조교의 이름은 더더욱 못 부른다.

학생들 사이에는 다시 선배와 후배가 있다. 한두 살 차이밖에 나지 않아도 후배는 선배를 이름으로 부를 수 없으며 '선배님'이라고 부른다.

대학 사회에서 가장 낮은 자리에 신입생이 있다. 학번도 낮고 나이도 어린 신입생은 아무런 힘이 없다. '교수님'과 '조교님'과 '선배님'은 그 호칭에서 이미 신입생이 뛰어넘을 수 없는 높은 곳에 있다.

학생은 '교수'에 반드시 '님'을 붙이고 동사에 존대 어미까지 붙여서 높이고 교수는 학생에게 반말하는 극단의 서열 문화 안에서 학생이 교수와 동등한 높이에서 대화하고 아이디어를 교환하기는 거의 불가능하다. 존대법은 학생들이 교수와 동등한 위치에 서지 못하도록 만드는 강력한 장치이다. 이런 위계질서는 학생이 교수의 말을 듣고 따라 할 수밖에 없게 만든다.

교육과혁신연구소가 2015년에 서울대 2, 3학년 재학생 가운데 2학기 이상 A+를 받은 상위 1% 학생들과 나머지 학생들의 공부법을 비교했다. 한국의 상위 0.006%에 해당하는 이 학생들은 어떻게 공부할까? 한국인이라면 누구라도 궁금할 질문이다.

연구 결과는 놀라웠다. 이 학생들의 학습법은 세 가지로 요약되었다. 첫째, 교수가 말한 것을 문장의 형태까지 그대로 받아서 똑같이 노트 필기를 하고, 그대로 외우는 학생일수록 높은 성적이 나왔다. 둘째, 수업 내용을 요점 정리하거나, 키워드를 사용하거나, 이해한 내용을 자기식으로 정리하는 학생일수록 낮은 성적을 받았다. 셋째, 답안지에 비판적인 생각을 담으면 학점이 낮아졌다. 요약하면, 서울대에서 A+를 받으려면 교수님 말씀을 단 한 마디도 빼놓지 않고 그대로 받아 적어야 하며, 학생 스스로 창의적이고 좋은 생각을 떠올려도 교수님의 생각과 다르면 그 생각을 버려야 했다.

미래 사회는 자기 주도적인 사고, 비판적인 사고, 창의적인 사고가 필요하다고 목소리를 높이지만, 정작 대학 교육 현장에서는 교수의 권위라는 미명 아래 이런 것들이 금지되고, 젊은이들은 비판적이고 창의적인 생각을 하지 못하도록 강요받는다. 서울대 상위 1%의 학생들의 학습 방법에 문제가 있다면 그것은 학생들에게 문제가 있는 것이 아니라 엄격한 서열 중심의 존대 문화와 교수들에게 주어진 과도한 권위에 문제가 있는 것이다.

외국인의 눈에 비친 한국의 대학 사회는 구석구석 놀라움의 연속이었다. 본명이 블라드미르 미하일로비치 티호노프인 박노자 교수는 러시아에서 태어나 모스크바 대학에서 한국 고대사학을 전공하고 지금은 노르웨이 오슬로 대학에서 한국학을 가르치고 있은 역사학자이다. 그는 한국 대학에서 10여 년 동안 머물며 학생에서부터 강사와 교수 역할까지를 모두 경험하면서 한국에서 대학교수에게 주어지는 특혜에 놀라지 않을 수 없다고 말했다.

박노자는 자신이 경험한 한국 대학 사회는 군대만큼이나 서열적이고 권위주의적이었다고 말했다. 그는 한국 대학에서 교수와 학생의 관계는 상명하달의 원칙이 엄격히 지켜지는 사적인 추종의 관계이며, 공적인 평등한 현대적인 동료 지식인의 관계는 결코 아니라고 말했다. 그는 지도교수와 학생의 관계는 지도교수의 인품을 존경하기보다는 교수가 쥐고 있는 성적이나 추천서와 같은 공적인 권력 때문에 학생이 복종하는 관계로 퇴색했다고 비판하기도 했다. 또한, 대학생들의 문화도 학생 간의 관계가 평등 이념이 아닌 나이와 학번 등 전근대적인 서열을 기준으로 선배에 대한 복종을 주요 원칙으로 삼으며 졸업 후 사회생활에서 필요한 인맥을 쌓으려는 노력일 뿐이라고 일침을 가하기도 했다.

박노자의 비판에 대한 찬반 의견이 분분하겠지만, 한국 대학 사회가 21세기 글로벌 사회를 경험하면서도 여전히 전근대적인 위계질서를 유지하는 근저에 존대법이 있다는 그의 지적은 옳다.

인간의 의식에 결정적인 영향을 미치는 것 중 하나가 언어다. 원칙적으로 불평등한 호칭법은 평등과 상호 존중 의식을 낳을 수 없다. 그 결과 거의 본능화한 불평등 의식으로 말미암아 개개인의 창조성이나 진취성은 메마르지 않을 수 없다. 어릴 때 '선생님'과 '선배님'의 세상에서 살아온 사람이 크고 나서 감히 지도해주시는 '교수님'을 거역하기가 쉽겠는가?[8]

4 형님 나라, 아우 나라

한국에서 선배와 후배, 형과 아우는 서양인이 이해하기 힘든 독특한 인맥 관계이다. '김 부장님'으로는 안 통하는 것이 '김 선배'일 때는 통하고, '이 대리'에게는 베풀지 못하는 배려가 '이 후배'에게는 저절로 베풀어진다. 한순간에 공적인 관계를 사적인 관계로, 사무적인 관계를 정으로 통하는 가족 간의 관계로 전환할 수 있는 것이 선후배이자 형-아우이다. 한국 사회에서 남자들이 인맥을 형성하고 내부자들의 결속력을 다지는 가장 원초적인 방법이 선배와 후배, 형님과 동생의 관계를 형성하는 것이다.

한국 남자들 사회에서는 근무 시간이 종료된 후에 시작되는 선배와 후배, 형과 아우의 관계를 통해 모든 일이 이루어진다고 해도 과장이 아니다. 다른 동료들이 함께 있을 때 서로 존댓말을 쓰던 '김 과장님'과 '이 대리'가 퇴근 후에 선배는 반말을 하고 후배는 형이라고 부르며 엉겨 붙기 시작하면 다른 사람들이 끼어들 수 없는 전혀 다른 결속력이 생긴다. 그리고 서로 간에 비밀스러운 협력 관계가 시작된다.

한국 사회에서 사회성이란 형과 아우의 관계를 얼마나 잘 끌어내고 유지하며 활용하느냐에 달려있다. '김 과장님'과 '이 대리' 사이에는 공식적인 거리가 있고 그 계급의 간격만큼 거리를 두고 업무가 처리된다. 하지만 '선배님'과 '후배'로서 형과 아우의 관계가 되면 공적인 거리감은 사라지고 무조건 베푸는 형과 무조건 따르는 아우의 관계만 남는다. 도움을 받아야 하는 문제가 있을 때 '김 과장님, 이것 좀 도와주십시오' 혹은 '이 대리, 이것 좀 해보세요' 하고 정중하게 말하는 것보다 후배의 위치에서 '형, 이것 좀 도와줘'라고 조르거나, 선배로서 '야, 이것 좀 해봐' 라고 반말하는 것이 더 큰 효과가 있다.

이코노미스트 한국 특파원이었던 다니엘 튜더는 한국의 각계 주요 인사들과 수많은 인터뷰를 했다. 그는 인터뷰를 하면서 가장 놀라웠던 것은 한국의 권력자들 간에 형성되어 있는 인맥의 넓이와 그 긴밀함이었다고 했다. 다니엘 튜더는 그로 인해 파생되는 한국의 부패에 입을 다물지 못했다.

> 인구 5천만인 이 나라에서 취재를 하면서 깜짝깜짝 놀랐던 사실이 있다. 언론, 법조계, 정치계, 기업인, 학계 등 서로 다른 분야의 사람들이 좀 과하다 싶을 만큼 너무도 잘 알고 지낸다는 점이 그것이다. 이러한 인맥을 형성하는 데 학교, 군대, 대학, 고향 등 온갖 것들을 다 동원한다. 구성원을 결집시키는 정은 내부자의 이익을 위해 정실주의적 탈법행위와 부정행위를 감수하게 하는데, 그들 중 정치적 힘을 가진 사람이 있을 때 부패가 발생하는 것은 자연스러운 결과다.[9]

튜더는 한국의 형님 - 동생 문화가 개인적인 차원에서는 인간적일지 모르지만 권력과 결탁하면 얼마나 큰 부정이 될 수 있는지를 지적했다.

> 대한민국은 경제적으로 완전히 성숙한 나라이지만 단 한 가지, 부패 문제에서만은 후진적이다. 2011년 국제투명성기구(Transparency International)의 부패인식지수(Corruption Perceptions Index) 조사에서 한국은 176개국 중 43위에 머물렀다. (해당 지수에서 북한은 세계에서 가장 부패한 나라로 나온다.) **이렇게 순위가 낮은 주된 이유는 상식, 법, 사회정의를 어겨가면서까지 정에 따라 행동이기 때문이다. 정치인이나 기업가가 부패와 연루된 사건에는 대부분 고향, 학교, 군대 등의 연줄이 배후에 깔려 있다.**[10]

영어에는 '형'이라는 단어가 없다. 일본어에는 우리말의 형에 해당하는 '아니키'라는 단어가 있지만, 일반적인 호칭이 아니라 야쿠자(일본의 범죄 집단)와 같은 아주 제한된 집단에서만 사용하는 호칭이다. 반면에 한국에서 '형'이라는 단어는 모든 문제의 해결사이다.

한국 언론에서는 어떤 호칭을 썼는가가 중요한 기사가 되곤 한다. 호칭은 두 사람의 관계를 빠르고 정확하게 알려주는 통로이기 때문이다. 조윤선 전 문화체육관광부 장관이 대통령 앞에서 최순실을 '순실이 언니'라고 불렀다는 것도 중요한 기사였다.

> 조 전 장관은 정부에 비판적인 문화예술인 리스트인 '블랙리스트'뿐 아니라 '관제데모'까지 주도하며 대통령의 지시를 아주 충실히 이행한 덕분에 현 정부의 '신데렐라'로 불리며 승승장구했다. **특히 조 전 장관은 대통령에게 최순실 씨를 언급할 때 '순실이 언니'라고 부를 정도로 친밀한 관계를 유지했던 것으로 전해졌다.**[11]

'순실이 언니'라는 호칭은 조윤선이 대통령에게 자신이 최순실과 자매처럼 가까운 사이라고 알려주는 가장 쉽고 정확한 방법이다. 그리고 이 세 사람이 얼마나 긴밀하게 연결되어 있었던가를 보여주는 증거이기도 하다.

최 씨가 박근혜를 언니라고 부르고, 조 씨가 최 씨를 '순실이 언니'라고 부르면 세 사람은 모두가 자매 관계가 된다. 자매의 순서는 박근혜, 최순실, 조윤선이다. 조 씨가 최 씨를 '순실이 언니'라고 부를 때, '순실'이라는 이름을 사용함으로써 박근혜에게 최 씨가 박근혜보다는 낮은 사람이라는 것을 알리는 동시에 '언니'를 사용함으로써 최 씨가 자신보다는 윗사람이라는 것을 표현하는 가장 정확한 방법이다. 이 짧은 한 줄 기사는 한국인들에게 어떤 장황한 설명보다 많은 정보를 단번에 전달한다. 이렇게 자매 삼총사로 관계가 얽히면 이들은 서로 무엇이든 도와줄

수 있는 관계가 된다.

한국의 형님-동생, 언니-동생 호칭은 특별한 관계를 형성하며 결속력을 다지게 만드는 접착제이다. 같은 고향이든, 같은 학교든 무엇인가를 매개로 하여 일단 형님과 동생 사이로 묶이고 나면 그들의 협력 관계는 서양인은 도저히 이해하기 어려울 만큼 강력하고 무작정이며 비논리적이 되기도 한다. 여기에 '의리'라는 미명이 첨가되면 어떤 순간에도 가족처럼 도와주어야 할 것 같은 의무감이 형성된다. 이것이 바로 한국어 존대법의 힘이다.

5 학번제와 신입생 예절지침

외국인들은 한국에서 친구가 되기 위해서는 무엇보다 먼저 '같은 해에 태어나야' 한다는 사실에 놀란다. 한국에서는 한 살만 차이가 나도 '형'과 '동생'으로 갈리고, 대학에 일 년만 일찍 들어와도 '선배'와 '후배'로 나뉘고, 이들은 친구가 될 수 없다. 한국에서 서로 반말할 수 있는 유일한 관계가 친구 관계인데, 이런 평등한 관계는 나이도 같고 학번도 같아야만 하는 까다로운 조건을 달고 있다. 한국인들의 '친구의 조건'이 너무 편협하다는 외국인들의 코멘트가 단지 문화의 차이를 이해하지 못하는 무지 때문일까?

인터넷에 올라온 '여러분은 학번제에 관해 어떻게 생각하세요?'라는 글은 한국의 젊은이들이 21세기 글로벌 시대에 여전히 얼마나 불합리한 존대법에 묶여 갈등하고 있는지를 적나라하게 보여준다.

이번에 1년 재수를 하고 13학번으로 대학 들어간 새내기입니다.

재수를 한만큼 저랑 동갑인 선배도 있고 저보다 어린 동기도 있고 뭐 그렇죠.

근데 대학 OT가서 보니까 우리 학과가 학번제더라고요. 학과 회장이 OT에서 대놓고 "우리 과는 학번제입니다. 자기보다 동갑이거나 나이 어린 선배한테 반말하는 꼴 못 봅니다" 이러더라고요. 그래서 저도 일단은 학번제에 따르고는 있는데……. 뭐랄까……. 전 이게 아주 싫더라고요.

아니 무슨 대학 1년 먼저 들어왔다고 자기랑 동갑이거나 나이 많은 사람들한테 꼬박꼬박 존대를 들어야 한답니까. 여기가 무슨 군대도 아니고. 저보다 어린놈들이 저 보고 야 야 거리고 이 새끼 저 새끼 이러는 게 굉장히 거슬리더라고요. 더군다나 삼수한 형님이 자기보다 나이 어린 선배한테 존댓말하고 그 선배는 형님한테 반말하는 걸 보고 있으면 정말이지……. 제 일도 아닌데 진짜 배알 꼴리네요. 뭐 다들 따르고 있으니 저도 일단은 맞추고 있습니다만…….

근데 어제 술자리에서 진짜 빡도는 일이 일어났습니다. 신입생 환영회였는데…… 곧 군대 가는 12학번 선배(동갑)가 OT 때 같은 조였던 후배들 밥 사주는 자리였죠. 그리고 술 마시던 도중 야자 타임이 왔습니다. 돌아가면서 한마디씩 막말을 하는 그런 시간이었죠. 그래서 저도 그 동갑인 선배보고 "야. 솔직히 나 동갑한테 존댓말 하는 거 진짜 X 같아" 이랬습니다. 물론 야자 타임이니 그 선배는 그냥 껄껄 웃으면서 넘겼죠.

근데 정작 옆에 있던 동기 놈들이 문제였습니다. 그 선배가 화장실 가니까 갑자기 그놈들이 내 주위로 몰려드는 겁니다. 그리고는 저한테 "선배한테 깝치지 마라", "고개 숙여라" 뭐 이러는 겁니다.

어이가 없더라고요. 아니 제가 그 선배한테 뭐 선배 대접을 안 한 것도 아니에요. 제가 학번제를 싫어하기는 하지만 그렇다고 제가 무슨 혁명가도 아니고 체제에 반항하거나 뭐 이러지도 않았습니다. 아까 말 놓은 거야 야자 타임이라 그런 거고 평소에는 동갑인 선배들한테 꼬박꼬박 선배라 부르면서 존댓말 쓰고 그랬습니다. 더군다나 정작 그 선배는 나한테 별말 없는데 왜 이놈들이 ×랄 하는 걸까요?

거기다 오늘 학교에 와 보니까 과에 제가 야자 타임에 그런 말을 했다는 게 제법 퍼진 것 같습니다. 어제 저랑 같은 술자리에 있지도 않았던 동기 놈이 오늘 저한테 와서 "어제 너 선배한테 반말 깠다며?" 이러더니 욕 섞으면서 선배한테 깝치지 마라, 숙이고 다녀라, 이러는 겁니다. 분위기도 살벌한 게 뭐 한대 칠 기세더라고요.

니들은 학번제가 그렇게도 좋냐? 아니 그것보다 정작 그 선배는 그 후로 나랑 별 문제도 없는데 왜 니들이 이 ×랄이야? 여러모로 열 받더라고요…… 이런 놈들이 과 동기라는 게 슬퍼지는 이틀이었습니다. 아니 동기뿐만이 아니라 우리 과 자체가 싫어집니다. 여기가 무슨 군대도 아니고 학번제는 뭔놈의 학번제냐 …… 이런 놈들이랑 엮이기도 싫은데 그냥 아싸로 지낼까 …….[12]

대학에 일 년 늦게 입학했다는 이유만으로 동갑내기나 자기보다 어린 사람에게 '선배'라고 부르며 공손하게 존댓말을 해야 하는 상황에 대해 불편을 느끼는 사람이 어디 이 학생뿐이겠는가. 또 대학에 늦게 들어왔다는 이유만으로 자기보다 어린 학생들이 '야, 야, 이 새끼, 저 새끼'하는 반말을 들어야 하는 상황을 부당하게 느끼지 않을 사람이 어디 있겠는가. 그러나 모두 이런 계급 질서가 부당하다고 느끼면서도 자의 반 타의 반으로 이런 질서를 유지하고 강화하고 있는 것이 현재 우리의 모습이다. 예전부터 그래왔으니까 지금도 그래야 한다는 이유만으로 이런 계급 질서를 유지하는 것이 우리의 현주소이다.

어느 문화권에서나 성인식이 있고 어느 나라 대학에나 신입생 군기 잡기 메뉴가 있기 마련이다. 그런데 '말버릇 잡기'로 군기를 세우는 나라가 한국 말고 또 있을까? 한국에서 신입생 군기 잡기의 단골 메뉴는 신입생들에게 강요하는 '말버릇 예절'이다.

2015년에 대학생들의 단체 카톡방에 올라온 말버릇 예절은 다음과 같았다.

선배 우선 토요일 1시 일요일 1시 이렇게들 모이 (…중략…)

후배 네

선배 첫 번째는 니네가 아직 기본적인 거
잘모르는 거 같아서 그거 설명해 줄려고 해
다나까 사용 아니요 저요? 조심

앞존법 사용

문자나 톡할 때 끝에 점찍기

예) 안녕하십니까 15학번 ○○○입니다.

인사할 때는 앞존법 사용하지 말고

다 인사할 것

대답할 때 네✕ 예○

문자 카톡 너네들이 형, 누나 꺼 읽씹 금지

니네가 끝내야됨

전화 먼저 끊지 않기

선배님✕ 형, 누나○

(…중략…)

선배들이 무슨 일하고 있으면 따라가서

도와드리기

선배들과 밥 먹을 때 먼저 수저 들지 않기

핸드폰하지 않기[13]

선배들이 한 살 어린 후배들에게 요구한다. 선배들에게 말할 때 '아니요', '안녕하세요?'와 같이 '-요'를 사용하지 말고 '아닙니다', '안녕하십니까?'와 같은 정중한 존대를 해야 하고, 휴대전화 문자메시지를 보낼 때 문장 끝에 반드시 마침표를 찍어야 한다고. 선배에게 대답할 때 '네'라고 하지 말고 '예'라고 해야 하고, 선배가 보낸 메시지를 읽기만 하고 답장 없이 멈추면 안 된다고. 전화할 때에도 선배보다 먼저 끊으면 안 되고, '선배님'이라고 부르지 말고, '형', '누나'라고 부르라고. 그리고 이와 같은 말버릇 예절은 식사 시간에 선배보다 수저를 먼저 들면 안 되는 생활 예절까지로 확대된다.

이와 비슷한 신입생 예절지침이 2017년에 페이스북에 공개되어 또 논란이 되었다. 그리고 이와 같은 말버릇 지침은 '선배한테 술을 받을 땐 두 손으로 공손히 받고, 술을 마실 땐 낮은 학번 쪽으로 고개를 돌려 마셔라', '술잔을 칠 땐 자신의 술잔 위치가 선배의 술잔 위치보다 낮은 곳에 있어야 한다', 그리고 '술자리에서는 허락받고 귀가하도록 한다'는 술자리 예절지침으로 강화 재생산된다.

한국의 젊은이들은 존대법 뒤에 숨어 있는 비이성적인 계급주의의 부당함을 누구보다 뼈저리게 경험하고 있으면서도 자신의 목소리를 내기 어렵다. 남규한의 말처럼 우리의 모국어 속에 내재된 존대법은 개인의 힘으로 거부할 수 없는 거대한 압박이다.

> 오래전 기억이다. 초등학교 4학년 때쯤 학교 운동장에서 놀고 있을 때 중학생 몇 명이 와서 나에게 말을 걸었다. 나는 당연히 반말로 대답을 했는데, 그들은 내가 반말을 하는 것에 대해 윽박지르며 겁을 주었다. 나이에 상관없이 말을 놓는 초등학교 제국과

한 살이라도 차이가 나면 말을 높여야 하는 중학교 제국 사이에 문화적 충돌이 발생한 순간이었다. 그 당시 나는 알지 못하는 그들이 왜 나에게 다가와 높임말을 강요하는지 전혀 알 수 없었다. 시간이 흘러 내가 중학교에 입학하게 되었을 때 나는 자연스럽게도 2학년 선배에게 높임말을 쓰고 있었다. 그것은 개인이 거스를 수 없는 거대하고 무거운 압박이었다.[14]

한국어 존대법과 조선 시대의 장유유서와 전후 군부 독재 시절의 상명하복이 어우러지면서 극단의 현상들이 벌어진다. 세 살짜리 동생이 자기에게 반말한다며 폭력을 행사하는 다섯 살 남자아이의 행동을 보면서 허허하며 웃어넘기고, 대학가의 존대 문화의 실상을 뉴스로 접하면 요즘 젊은 애들이 너무한 거 아니냐고 혀를 차면서도, 자신의 윗자리만큼은 한 치도 양보할 마음이 없고, 아랫사람이 고분고분하지 않으면 그 불손함을 용서할 여유도 없게 만드는 것이 한국어 존대법 뒤에 감추어진 계급주의의 괴력이다.

6

정확한 존대보다 안전한 과잉존대

'고객이 왕이다'라는 슬로건은 조선 시대의 양반 계급 대신에 고객이라는 새로운 계급을 만들어냈다. 과거에 양반들이 대접받기를 바랐듯이 이제는 고객들이 대접받기를 기대한다. 한국에서 대접은 말에서 시작된다. 끝을 모르고 높아지는 고객의 기대를 충족시키기 위해 점원들의 존대법은 정확한 존대를 넘어 과잉존대로 진화 중이다. 정확한 존대를 불손하게 생각하는 고객과 과잉존대를 불편하게 느끼는 고객들 사이에서 한국어 존대법은 때때로 돌연변이를 일으킨다.

요즘은 반말 못지않게 존댓말도 때로는 귀에 거슬린다. 백화점이나 식당, 미용실 등에서 존댓말을 들으면서도 왠지 불편했던 경험을 누구나 가지고 있다. 존대법과 관련하여 고객의 불만이 높아지자 한 백화점에서 설문 조사를 해서 고객들이 뽑은 '귀에 거슬리는' 존대법 10가지를 발표하기도 했다.

연회비 없으신 카드시구요.

이 색깔은 하나 남으셨습니다.

환불이 안 되십니다.

저희 매장은 세일 안 들어가세요.

수선비는 ○○원 나오셨습니다.

만차이십니다.

이 문장들은 모두 연회비나 사이즈나 환불 같은 사물이 주어인데 주격존대어미 '-시-'를 붙여서 사물을 존대하는 표현이 되었다. 그러는 사이에 색깔이며 수선비며 엘리베이터가 모두 고객과 점원보다 높아졌다. '고객을 존중하는 것도 좋지만 사물에 존칭을 쓰는 건 되레 불쾌감을 일으킨다'고 불만을 토로하는 고객도 있다. 그럼에도 불구하고 이런 과잉존대는 이제 어디에서나 들린다.

직원들은 항변한다. 손님들이 버릇없다며, "말을 이렇게 건방지게 해?" "내가 친구로 보여?" "점장 나오라 그래!"라고 항의하는 소리를 듣다 보면 습관적으로 모든 말끝에 '-시-'를 붙이게 된다고. 문법 규칙에 상관없이 '환불이 안 됩니다'라는 말을 듣는 것보다 '환불이 안 되십니다'라는 말을 들으면 고객이 화를 누그러뜨리기 쉬운 것이 우리의 존대법 정서이다. 어쨌든 '-시-'가 붙은 말을 들으면 문법적으로 틀렸어도 존대받는 느낌이 든다.

받기를 좋아하는 고객에게 드리는 '안내 말씀'도 있다. 받는 것을 좋아하는 것이 인간의 기본 속성이지만 윗사람들은 받기를 정말 좋아하나 보다. 우리는 선물만 드리는 것이 아니다. 우리는 '감사'도 드리고, '안내'도 드리고, '말씀'도 드린다.

여러분께 진심으로 감사합니다.

여러분께 진심으로 감사드립니다.

여러분께 진심으로 감사의 말씀을 드립니다.

안내합니다.

안내드립니다.

안내 말씀 드리겠습니다.

모두 같은 뜻이지만 길이가 길어질수록 더 공손한 말로 받아들여진다. 그런데 왜 '안내합니다'만으로는 충분히 공손하게 들리지 않는 것일까? 그 이유는 직원이 안내를 하면 고객은 그 안내를 들어야 하는 상황이 되기 때문이다. 한국의 존대 문화에서는 윗사람은 말하고 아랫사람은 듣는다. 고객에게 '안내합니다'라고 말하면, 고객은 무의식중에 그 말을 들어야 하는 아랫사람이 되는 것 같은 느낌을 받을 수 있다.

반면에 '안내드립니다'는 좀 더 공손하게 들리는데, 무엇이 되었든 일단 '드린다'고 하니 고객의 입장에서는 받는 것이 있어 좋기 때문이다. 또 직원이 주어도 그것을 받고 안 받고는 고객에게 결정권이 있으니 남의 말을 들어야 하는 아랫사람의 위치로 떨어지는 것이 아니기 때문이다.

'안내 말씀 드리겠습니다'로 확대되면 가장 공손하게 들리는

데, 받는 사람이 '안내'와 함께 '말씀'까지 두 가지를 받으니 더 좋고, '말씀'이라는 존대어를 들으니 왠지 더 존대받는 느낌이 들기 때문이다.

그러나 '안내 말씀'에는 한 가지 함정이 숨어 있다. 한국어에서 '말씀'은 윗사람이 하는 것이다. '말씀'을 받는다는 것은 윗사람의 말을 받는 것이므로, 고객이 더 낮아진다. 따라서 '말씀 드립니다'는 직원이 아랫사람인 동시에 윗사람인 모순된 표현이다. 그런데도 어쨌든 '말씀'도 존댓말이고, '드립니다'도 존댓말이니 누가 누구를 높이는 가에는 상관없이 길게 늘어놓으면 더 높은 존대가 되는 것처럼 느껴지는 비정상적인 과잉존대가 되어버린다.

무엇이든 높여주고 보자는 과잉존대는 한국인들이 존대받지 못해서 서러웠던 과거의 기억의 크기를 보여준다. 높은 자리에서 존대받고 싶어 하는 한국인들의 사회적 상승 욕구를 서비스업에서 과잉으로 채워주고 있다. 그러는 사이에 한국은 사이즈도 존대받고, 환불도 존대받고, 수선비도 존대받고, 모든 것이 존대받는 과잉존대 사회가 되어간다. 그러나 사이즈에서 수선비까지 모든 것이 과도하게 높아지면, 그다음에는 무엇으로 한국인들의 상승 욕구를 채울 것인가?

7 공손을 앞세운 책임 전가

위아래가 확실한 존대 문화가 건재하는 한 아랫사람이 자신의 생각을 정확하게 혹은 솔직하게 표현하기 어렵다. 아랫사람은 사실을 쉽고 정확하게 전달하기보다 상황을 왜곡하는 존대법을 개발하게 되고, 공손해 보이는 존댓말을 길게 주고받는 가운데 책임지는 사람은 없는 사회가 지속된다.

'-실게요'가 이미 너무 널리 사용되기 시작하여 이것이 비문법적이라는 것을 모르는 사람들도 많아졌으니 문법적으로 맞는가의 여부를 따지는 것은 뒤로하자. 그러나 '-실게요' 뒤에는 강자의 눈치를 살펴야 하는 약자의 두려움과 조심성이 숨어 있다는 것은 기억하자. '하세요, 하십시요' 했다가는 행여라도 '내가 하든 말든 니가 웬 상관이야', '니가 뭔데 나에게 이래라저래라 해'하고 트집잡힐까 봐 '-실게요'라는 창의적인 책임 전가 방법을 만들어냈다.

요즘 병원에 가면 '-실게요'가 넘쳐난다. 간호사들은 이렇게 말한다.

이쪽으로 오실게요.

여기에 누우실게요.

목에 힘 빼실게요.

이제 주사 맞으실게요.

레이저 시술 하실게요.

처음에는 이상하게 느껴졌던 '-실게요'가 이제 익숙해져서 왜 안 되나 의심이 될 정도이다. 원래는 간호사가 환자에게 다음과 같이 말하면 된다.

이쪽으로 오세요.

여기에 누우세요.

목에 힘 빼세요.

이제 주사 놓을게요.

레이저 시술할게요.

우리말에서 반말로 명령할 때는 '-해라'를 사용하고 공손하게 지시할 때에 '하세요'를 사용한다. 따라서 간호사가 환자에게 '이쪽으로 오세요'라고 해도 충분히 공손한 말이다. 그런데 요즘 병원에서는 더 공손한 표현으로 '이쪽으로 오실게요'라고 말한다.

이 말은 간호사가 지시하는 '이쪽으로 오세요'와 환자가 자청

하는 '(내가) -할게요'를 합해서 한 개의 문장으로 만든 것이다. 잘 살펴보면 절묘한 조합의 어법이다. '이쪽으로 오세요'라는 안내가 혹시라도 환자에게 지시하는 것처럼 들릴까 염려하여 마지막에 '-게요'라는 어미를 붙여 환자가 자발적으로 하는 상황을 만들어낸 창의적인 어법이다.

그러나 간호사의 지시와 환자의 의지를 동시에 하나로 묶은 이 어법은 영어나 다른 어떤 언어로도 논리적인 번역이 불가능한 표현으로 변질된다.

구글 번역기를 돌리면 다음과 같이 번역해준다.

이쪽으로 **오세요**. → Come over here.

이쪽으로 **오실게요**. → I'll be right over here.

구글 번역기는 '이쪽으로 오실게요'를 '내가 이쪽으로 올게요'라고 환자의 의지로 해석한다. 그러면 책임은 환자에게 돌아간다. 주사가 잘 못 되거나 시술이 잘못되어도 이제 그 책임이 간호사가 아니라 환자에게 넘어가는 순간이다.

아무리 업무상 꼭 필요한 일이라고 하지만 직원이 손님에게 이래라저래라하고 지시하는 것이 왠지 부담스러울 만큼 고객의 위치가 높아졌다. 끝을 모르고 높아져 가는 고객의 높이에 맞추어 진화한 존대법은 전 세계 어떤 언어로도 논리적으로 번역이 불가능한 돌연변이 문장을 만들어낸다.

이와 같은 돌연변이 존대법의 확산은 한국 사회에서 '고객은 왕'이라는 명제 하에 고객과 직원의 관계가 얼마나 기형적으로 변질되고 있는가를 보여준다. 다른 한편으로는 상하 관계에 질린 한국인들이 타인에게 지시받는 것을 얼마나 싫어하는가를 보여주는 증거이기도 하다.

흥미로운 점은 같은 병원에서도 의사는 환자에게 '-실게요'를 사용하지 않는다는 점이다. 의사는 환자에게 '이쪽으로 오세요'라고 말한다. 의사가 '-실게요'를 사용하는 것을 아직 들어본 적이 없다. '-실게요'는 서비스업 종사자가 고객에게 사용하는 신조어이다. 그런데 동일한 병원이라는 공간에서 의사는 이 말을 사용하지 않고 간호사만 사용한다는 것은 병원 내에서 의사와 환자와 간호사 사이에 확실한 계급 구분이 있다는 뜻이다. '-실게요'를 기준으로 하면 의사가 제일 높고 그다음이 환자이고 간호사가 제일 낮다.

애매한 존대 표현으로 고객에게 책임을 전가하는 또 다른 존대법 전략도 있다. 투자자들에게 연말 실적을 발표하는 금융회사 발표장에서는 '라고 이해하시면 되겠습니다'가 넘쳐난다.

> 내년에도 그러한 노력은 계속될 것이라고 **이해하시면 되겠습니다.**
>
> 경기침체 여파로 Deleveraging 효과가 있었다고 **이해하시면 될**

것 같습니다.[15]

'라고 이해하시면 되겠습니다'에는 존대의 '-시-'가 두 번이나 들어있고 고객은 두 배로 존대받는다고 느낀다. 그러나 이 말 뒤에는 회사는 앞의 내용에 대해 책임지지 않겠다는 뜻이 숨어 있다. 그리고 실제로 책임을 지지 않아도 된다. 다음의 세 가지 문장은 각각 전혀 다른 책임성을 가진다.

> 내년에도 그러한 **노력을 계속할 것입니다.**
>
> 내년에도 그러한 **노력은 계속될 것입니다.**
>
> 내년에도 그러한 **노력은 계속될 것이라고 이해하시면 되겠습니다.**

첫 번째 문장은 회사가 '노력을 계속할 것'이라고 말한다. 노력하지 않으면 회사가 책임을 져야 한다. 두 번째 문장은 '노력이 계속되겠다'라고 말한다. 그러나 누가 그 노력을 하는 것인지에 대한 언급이 없다. 회사가 노력하겠다고 직접 말하지 않았고 따라서 결과에 대한 직접적인 책임 의무에서 빠질 수 있다. 한 걸음 더 나가서 세 번째 문장은 '노력이 계속될 것'이라는 '약속' 조차 빠져있다. 이제 모든 책임은 듣는 사람에게 돌아간다. 듣는 사람이 '노력이 계속될 것이라고 이해하는 것'만 남았다. 듣는 이가 이해를 했더라도 그건 듣는 사람이 그렇게 생각한 것뿐이며, 회사가 약속한 행위는 아니다. 듣는 사람이 이해를 못 했다면 그것 또한 듣는 사람의 책임이다. '노력을 계속할 것입니다'는 말하는 사람의 능동성과 책임성이 있지만, '노력이 계속될 것이라고 이해하시면 되겠습니다'는 말하는 사람의 능동성과 책임성이 전혀 없는 별개의 선언이다.

'내년에도 그러한 노력을 계속하겠습니다'라고 말하면 말하기도 쉽고, 사실을 이해하기도 쉽고, 누구에게 책임이 있는가를 확인하기도 쉽다. 말하는 사람은 과장된 공손을 보이면서 잃게 되는 자신감과 자기 주도성을 찾을 수 있고, 듣는 사람은 과장된 존대를 받으면서 키우는 거만함과 허식의 굴레에서 벗어날 수 있다.

그러나 겸손하게 말하기 위해 말을 길게 늘이는 동안 말의 요점은 흐려지고 말하는 사람은 책임의 의무에서 멀어진다. 길게 늘어난 문장을 듣는 사람은 존대받는 것 같은 느낌을 받지만 존대받는 대가로 책임도 모두 떠맡게 된다. 그럼에도 불구하고 '라고 이해하시면 되겠습니다'가 통용되는 현실은 일하는 사람의 능동성과 책임성보다 과잉존대와 공손함을 더 크게 평가해주는 한국 존대 문화의 결과이다.

과잉존대가 만연하는 사이에 한국 사회는 윗사람의 눈치만 살피는 수동적이고 복종적인 사회로, 새로운 것을 시도하지 못하는 늙은 사회로, 주도적으로 일하지 않았으므로 책임도 없는 책임 회피가 만연하는 사회로, 계급이 논리를 이기는 비논리적인 사회로 끌려간다.

8

외국인이 터득한 존대법 전략

한국에서 오래 살다 보니 경어법에 대하여 어떻게 할지 개인적 방침을 마련하게 되었다. 먼저, 경어법을 아는 한 잘 지키는 것이다. 이로써 사회적으로 인정을 받을 수 있는 자격증이나 여권을 얻은 셈이 된다. 사람들은 존경받는 것을 좋아하기 때문이다. 다음으로, 응분의 존경을 못 받을 것 같으면 자신의 나이를 알려주지 않는다. 그러면 낯선 사람과 같은 조심스러운 대우를 받을 수 있다. 상대방이 실수를 하지 않으려고 조심하기 때문이다. 필자가 자신의 나이 따위를 스스로 밝히지 않았는데도 상대방이 반말을 쓰면 필자 역시 자연스럽게 상대방의 말투를 따라서 한다. 물론 예외의 경우도 있다. 사실 경어법의 정신은 매끈하고 정중한 사회적 관계를 도모하고 유지하려는 것이라고 생각한다.[16]

중국 출신 김홍매의 이야기는 중국어로는 평등했던 중국인끼리도 한국어를 배우면 한국식으로 위아래를 따지게 되는 실제 경험을 들려준다.

중국어에는 존댓말이 없다. 중국어에서 '네'라는 말은 한국어의 '응'하고 비슷한 발음이다. 모든 사람과 대화할 때 쓸 수 있다. 친

한 언니도 윗사람도 모두 중국어로 하니 존댓말과 반말 때문에 기분 나쁜 일이 별로 없다.

내가 한국에 와서 처음으로 이중 언어 수업을 받으러 오는 날이었다. 반갑게도 중국 언니들이 많았다. 여기는 한국이라 중국말만 하면 안 되었다. 그래서 한국말을 했는데 중국 언니들이니까 그냥 중국말을 한국어로 번역한답시고 반말로 했다. "언니, 오늘 이 교수님 수업 참 재미있었지?"라고 스스로 친하다고 생각한 언니에게 말을 건넸다. 그랬더니 옆에 있던 다른 언니가 대뜸 정색하며 "자기 몇 년생이야?"라고 물어보는 것이다. "저, 74년생이에요"라고 대답했더니, "그러면 이쪽이 언니인데 왜 반말해?" 하는 것이었다.

'여기가 한국이지만 우린 다 중국 사람인데 반말을 쓰면 안 되나?'라고 생각했지만, 그 다음날부터는 언니라고 생각되는 분들한테는 모두 존댓말을 썼다.[17]

중국과 한국은 유교의 영향을 받았고 비슷한 문화를 가지고 있지만 중국어에는 존대법이 없다. 따라서 중국어로 말할 때는 서로 똑같은 높이에서 평어를 한다. 생년월일로 위아래를 가르거나, 나이 한두 살 차이로 상대를 존대하지 않는다. 그러나 중국어로는 평등했던 중국인들도 한국어를 배우면 생년월일을 따지고 위아래를 구분하기 시작한다.

또 다른 중국 출신 조신옥은 평소에 손윗동서인 자기에게 반말을 하던 손아랫동서가 부탁할 일이 생기자 갑자기 존댓말을 했다는 일화를 전한다.

"형님, 시간이 되시면 연락주세요."

수업시간이 끝나고 휴대전화기를 확인해보니 '부재중 전화'와 함께 이런 문자 한 통이 들어와 있었다. 바로 대전에 살고 있는 동서한테서 온 전화와 문자였다. 아마 연락이 되지 않으니 문자를 보낸 듯하다. 나는 무슨 급한 일이 있는지 확인하려고 동서한테 전화했다.

"동서, 오랜만이에요. 학교에서 강의를 듣느라고 동서 전화를 받지 못했어요."

"형님, 그냥 안부 전화 드렸어요. 제가 원래 성격이 그래서 형님한테 반말 한 적도 있고 버릇없이 군적도 있는데 이해해 주세요."

나는 동서의 뜬금없는 말에 놀랐다.

"갑자기 웬 반성 같은 말을 하고 그래요? 그런데 무슨 일이 있어요?"

"아니요, 자주 연락하고 지내고 싶었어요. 원래 저의 본심은 형님이 연금보험에 가입했으면 해서요. 호호……."

나는 그만 피식 웃음이 나왔다. 보험회사에 다니는 동서가 연말이면 실적 때문에 더욱 바빠진다는 것을 알고 있었던 것이다. 동서를 도와주려고 남편과 아이 앞으로 이미 두 건이나 들어주었는

데 또 내 앞으로 한 건 더 들어달라는 뜻이었다.[18]

중국어로 말할 때는 존댓말이냐 반말이냐를 따지지 않았을 중국의 조신옥도 한국어로 말하는 사회에 편입된 이후로는 손아랫동서가 자기에게 반말을 하는지 존댓말을 하는지에 민감해진다. 버릇없는 손아랫동서는 보험 가입을 부탁해야 하는 시점이 되면 평소와 달리 형님에게 존댓말로 점수를 딴다.

한국인들이 상대에게 존댓말을 하는 기본적인 목적 중의 하나는 상대로부터 이익을 얻어내기 위함이다. 조신옥의 손아랫동서는 이미 한국 사회에서 존대법이 가진 힘을 이해하고 실제로 활용한다. 조신옥도 손아랫동서의 속내를 알면서도 동서로부터 받는 윗사람 대접에 기뻐할 만큼 한국의 존대 문화에 길들어 있다.

한국인들이 평소에 아랫사람에게 반말을 하다가도 부탁이나 감사를 해야 할 시점이 되면, '-요'를 붙여 상호존대를 하는 경우가 빈번하다.

교수 우편물, 하나밖에 없는가?

조교 예. 우편물을 안 가져 왔드라구요.

교수 학과장님은 중국에 가셨는가?

조교 예.

교수 언제 **오시지**?

조교 잘 모르겠는데요. 다음주 16, 17일 쯤 오실 것 같아요.

교수 학과장님도 안 계시는데, **수고해요**.[19]

교수는 조교에게 '-는가?'와 '하지?' 하고 반말을 하다가 마지막에는 '해요' 하는 상호존대로 대화를 마친다. 요즘 교수들은 '하지?' 하는 반말과 '해요' 하는 상호존대 사이에서 갈등한다. 교수는 마지막에 '수고해요'라고 상호존대를 사용해서 자신이 윗사람이지만 조교를 인격적으로 대우해준다는 자기 뜻을 전달하면서 동시에 나중에 조교의 도움을 쉽게 받기 위한 포석을 깐다.

존대법이 윗사람에 대한 예절이라고 포장하지만, 그 밑바닥에는 윗사람을 존대할 때 얻어낼 수 있는 이익이 있기 때문에 존대하는 것이다. 크고 작은 이익을 얻어내기 위해서 위아래를 가리지 않고 상호존대를 이용하는 경우가 빈번해지고 있다. 한국어를 배우는 외국인들은 나이를 한두 살까지 따지는 서열 계산법을 배우는 동시에 존대법 뒤에 숨은 이익 얻어내기 전략도 배운다. 외국인들은 상대에게 형님 대접을 해주면 공짜로 밥을 얻어먹을 수 있다는 전략에 놀란다.

외국인들이 한국어를 배우면, 존대법의 영향을 받을까? 답은 '그렇다'였다. 또다시 질문이 떠오른다. 외국인들이 한국어를 1~2년만 배워도 이러한데, 태어나자마자부터 존대법을 가장 중요한 언어 규칙으로 배우는 우리의 잠재의식 속에는 존대법의 힘이 얼마나 깊숙이 자리 잡고 있는 것일까? 우리가 새로운 언어를 배우면, 혹은 존대법에서 벗어나면, 우리의 사고방식도 바뀔까?

변화하는 사회,
진화하는 존대법

서열 중심의 존대법에서 벗어나 모든 선수가 '이름 부르기'와 '말 놓기'로 평등해졌을 때, 선수들의 경기력이 제대로 평가되고 대우를 받을 수 있었으며, 실력을 기반으로 한 완벽한 팀플레이가 가능해졌고, 월드컵 4강을 이루어냈다.

I

히딩크의 반말 전략

2002 월드컵은 한국인들에게 특별한 사건이었다. 한국 축구팀은 그 이전 18년간 월드컵에 출전하여 14번의 경기를 치르는 동안 전패를 당했었다. 그랬던 한국팀이 단번에 세계 4강에 오르는 기염을 토했을 때, 세상 사람들보다 한국인들 스스로가 더 놀랐다. 한국팀의 성공 뒤에는 존대법으로부터의 탈출이 있었다. 히딩크 감독은 "그라운드에서는 선후배가 없다. 다만 선수만이 있을 뿐이다"를 가르쳤고, 선수들에게 "나이가 많건 적건 무조건 반말을 한다"라는 파격적인 주문을 했다. 히딩크 감독은 한국의 축구 이상으로 한국어 존대법에 많은 영향을 미쳤다.

히딩크 감독이 한국 축구팀 감독으로 처음 부임했을 때 그는 한국 선수들의 특이한 습관에 놀랐다. 그는 신인 선수들과 고참들이 각각 다른 테이블에서 식사하고 식사 중에는 선배와 후배가 서로 대화하지 않는 것을 목격했다. 더구나 선수들은 서로 이름을 부르지 않고 후배는 선배를 항상 '형'이라고 부르는 것을 들었다.

히딩크 감독은 사람을 위아래로 가르고, 윗사람에게 모든 우선권을 주는 한국식 위계질서로는 한국 축구팀을 세계적인 수준으로 올릴 수 없다는 것을 직감했다. 히딩크 감독이 해결해야 할 첫 번째 문제는 선수들의 축구 실력이 아니라 한국식 연고주의와 선후배를 따지는 한국식 서열 문화였다.

히딩크 감독이 가장 먼저 내놓은 처방전은 선후배가 자리를 섞어서 함께 식사하기였다. 그는 당시 대표 팀의 최고참이었던 황선홍과 홍명보 등에게 '식사를 후배들과 함께 하고, 경기 중에 후배들이 선배 이름을 마음대로 부를 수 있게 하라'고 요구했다.

많이 알려진 얘기지만 그동안 대표선수들은 대개 신인은 신인끼리 고참은 고참끼리 밥을 먹었죠. 그 광경을 본 히딩크 감독님이 섞어 앉도록 지시했어요. 그런데 30대 중반인 고참 선수와 20대 초반 신인이 마주앉으면 꼭 삼촌이나 아저씨와 함께 밥을 먹는 어색함이 있다고 토로하는 거예요. 그래서 제가 감독님께 건의를 드렸어요. 한국 사람들은 어릴 때부터 밥 먹으면서 말을 하면 복 달아난다는 얘기를 듣고 자랐다고, 그래서 식사도 비슷한 연배끼리 먹어야 질서가 있고, 소화도 잘된다는 뜻으로 말씀드렸죠. 그러자 안 된다는 것이었습니다. **오히려 가까운 선수끼리 앉는 것도 안 되고, 테이블도 바꿔가면서 앉도록 했어요. 같이 뛰면서 세대차를 느끼면 그라운드 운영이 안 된다는 것이죠.** 처음에는 서먹서먹하게 식사를 하던 선수들이 시일이 지나자 여기저기서 웃는 소리가 나더군요. 그 후 대표단은 감독에서부터 말단에 이르기까지 모두 같

이 식사하고, 같이 끝내는 것이 전통이 되었습니다.[1]

하늘 같은 감독님의 말이었다 하더라도 선배 이름을 불러야 하는 후배나 그것을 견뎌야 하는 선배나 모두 얼마나 난감한 일이었겠는가. 그때 김남일 선수가 최고참 선배인 홍명보 선수에게 "명보야, 밥 먹자!"라고 말해 순식간에 웃음바다로 변했다고 한다.

히딩크 감독은 훈련할 때 후배 선수가 선배에게 태클 걸기를 피하려 한다는 것도 놓치지 않았다. 그는 '경기장에서 개인적 연고 관계 때문에 후배가 선배에게 좋은 볼만 주려고 노력한다면 팀워크가 흐트러질 수밖에 없고, 볼을 잘못 주면 선배에게 혼날지도 모른다는 생각을 하게 되면 선수가 제대로 능력을 발휘하지 못하게 되는데 그런 상황은 절대로 묵과할 수 없다'고 했다.

그는 "그라운드에서는 선후배가 없다. 다만 선수만 있을 뿐이다"라고 말했다. 그리고 선후배 선수들끼리 말을 놓도록 조치했다.

히딩크 감독이 대표 팀을 맡은 뒤 내린 조치 중에 지금도 기억나는 것은 선수들끼리 말 놓기다. 이천수가 열세 살 많은 까마득한 선배인 황선홍에게 "선홍, 이리 패스……'식으로 말하도록 했다. 나이와 학교 선후배로 얽힌 상하관계가 경기장에서 부정적인 영향을 미치니 내린 조치였다. **히딩크는 그라운드라는 공식적인 영역에서 말의 평등을 실현하며 경기력을 향상한 것이다.**[2]

후배가 선배에게 "황선홍 선배님, 공 이리 주세요!" 대신에 "선홍, 여기!" 하고 말하게 되었을 때, 한국팀의 팀플레이에 어떤 변화가 가능했을지 상상해보라. 의사소통은 간결한 직접화법으로 업그레이드되고 후배들의 자신감은 배가 되어 힘이 넘치는 플레이가 가능해졌다.

서열 중심의 존대법에서 벗어나 모든 선수가 '이름 부르기'와 '말 놓기'로 평등해졌을 때, 선수들의 경기력이 제대로 평가되고 대우를 받을 수 있었으며 실력을 기반으로 한 완벽한 팀플레이가 가능해졌고 월드컵 4강이 가능했다.

한국식 존대법이 가진 상명하복 문화로부터 탈출하기 위한 필살의 방법으로 아예 한국어 대신 영어로 의사소통을 하도록 조처한 더 과격한 시도도 있었다.

대한항공이 1997년 추락사고 이후 문제 해결을 위해 델타 항공의 데이비드 그린버그David Greenberg를 초빙했을 때 그는 대한항공 승무원의 교육 및 훈련 프로그램을 보잉 계열사인 알테온Alteon에 이관하고, '대한항공의 공용어는 영어다. 만약 대한항공의 조종사로 남고 싶다면 영어를 유창하게 구사할 수 있어야 한다'는 규칙을 세웠다.

그가 영어를 공용어로 채택한 이유는 두 가지였다. 하나는 세계 어디서든 어떤 상황에서든 관제탑과 문제를 해결하기 위해서는 영어로 의사소통을 해야 하기 때문이다. 그러나 그보다 더 중요한 이유는 한국어 존대법에 내재된 엄격한 서열 문화가 안전한 비행을 방해하는 결정적인 걸림돌이 된다고 판단했기 때문이다.

그는 최소한 조종석에 앉아서 비행기를 운전하는 동안에는 기장과 부기장 사이에 서로의 실수나 잘못된 판단을 상호보완해주는 역할이 중요하며 이를 위해서는 서로 평등한 위치에서 자신의 의견을 정확히 표현할 수 있어야 한다고 생각했다. 그러나 한국 기장과 부기장의 관계는 명령과 복종의 관계로 굳어져 있으며 한국어 존대법을 사용하는 한 윗사람의 눈치를 보아야 하는 기존의 문화를 깨트리는 것이 불가능하다고 판단했다. 그는 기존의 뿌리 깊은 상명하복과 위계질서 중심의 문화를 가능한 한 빠른 시간 내에 혁신하는 가장 효과적인 방법은 존대법으로부터의 탈출이라고 결론을 내렸다.

그린버그는 문화의 관성이 얼마나 강력한 것인지를 알고 있었으며, 존대법이 없는 영어의 사용이라는 과격한 선택으로 한국 비행기 조종석에서 평등한 의사소통을 끌어내고자 했다. 그는 언어의 전환이 변화를 끌어내는 열쇠가 될 수 있다고 생각했다. 대한항공기 사고 이후 한국의 항공계는 다각도의 노력을 시도했으며 2008년 유엔의 민간항공부 평가에서 한국은 항공안전 기준 비행사 훈련 표준에서 세계 최고 수준의 평가를 받았다.

2

계급장 뗀 기업의 평등 호칭

마이크로소프트의 빌 게이츠는 세계 최고의 갑부로서 명성을 유지하는 비결이 무엇이냐는 질문을 받을 때마다 한결같이 "저보다 더 똑똑한 사람을 모셔왔기 때문입니다"라고 답했다. 가난한 철도 노동자에서 미국의 강철왕이 되었던 앤드류 카네기의 묘비에는 '자신보다 더 우수한 사람을 모을 줄 알았던 사람, 여기에 잠들다'라고 새겨져 있다.

앤드류 카네기에서 빌 게이츠에 이르기까지 유대인들에게 세계 최고의 갑부가 될 수 있었던 비결을 물었을 때 그들은 자신보다 유능한 사람을 뽑아서 그 도움을 받는 것이라고 말했다. 이는 성공이란 자신의 능력이 얼마나 뛰어난가에 달린 것이 아니라 다른 사람의 능력을 알아보고 그 사람의 능력을 끌어다 쓰는 능력이 얼마나 뛰어난가에 달려있다고 생각하는 유대 문화의 단면을 보여준다. 각 분야에서 가장 뛰어난 유대인들조차 자신이 가장 높다는 권위 의식에 빠지지 않고 끊임없는 대화와 토론을 통해 주변의 사람들의 의견을 경청하고 이것을 받아들이는 유연성이 있다.

삼성의 외국인 임직원이었던 니캄은 한국 조직 문화에서의 '서열화'를 자신의 문화와 가장 다른 특이한 현상으로 꼽았었다.

> 인도에서 플랜트 엔지니어로 일하다가 삼성물산 건설부문에 입사한 니캄 과장은 "한국은 사원, 과장, 부장 등 직급이 확실히 구분돼 의사소통도 수직적으로 이루어진다. 인도는 직급과 관계없이 언제든지 상사에게 찾아가서 의견을 개진하고 토론을 할 수 있는 문화가 있다"고 그 차이를 말한다.[3]

히딩크 평등 전략의 성과를 목격한 한국 기업들은 기업의 획기적인 발전을 위해서 수직적 문화로부터의 탈피가 절실하다는 것을 깨달았다. 한국 기업들이 수평적 문화 구축을 위해 실시한 첫 번째 시도는 히딩크식 호칭 파괴의 도입이었다.

호칭 파괴를 가장 먼저 도입한 곳은 CJ그룹이었다. CJ는 2000년부터 부장, 과장, 대리 같은 직급 호칭을 없애고 상급자나 하급자 구분 없이 '님'자를 붙여 부르기 시작했다. 심지어 이재현 회장을 호칭할 때도 '이재현 님'으로 불렀다. 주식회사 태평양도 모든 계열사에서 호칭을 '님'으로 통일했다. 다음커뮤니케이션도 임직원 직함을 없애고 이름 뒤에 '님'을 붙였다.

제일기획은 전 직원의 호칭을 '프로'로 통일하고, 아웃도어 브랜드 네파는 직원을 모두 '리더'로 부르고, 신세계그룹은 직원들끼리 '파트너'라고 부르는 호칭 제도를 도입했다.

스타벅스에서는 점장부터 아르바이트생까지 모두 서로 영어 별칭(닉네임)으로 부르고, 한국P&G 직원들은 영어 이름을 사용하여 사장을 부를 때도 '사장님' 대신 그의 미국 이름을 불렀다.

세계적인 컨설팅 기업인 맥킨지의 한국 지사인 맥킨지코리아에서는 신입사원들이 입사할 때부터 대표를 포함한 모든 임직원에게 '○○ 씨'로 호칭하도록 교육을 받는다고 한다. 신입사원이 맥킨지코리아의 대표에게 "최원식 씨는 ○○에 대해 어떻게 생각하세요?" 하고 물으면, 최 대표가 그 질문에 대답하며 서로 의견을 나눈다고 한다. 맥킨지의 컨설턴트 강 씨는 "파트너급 임원들과 회의할 때 '이건 아닌 것 같습니다'고 말해도 존중해주기 때문에 좋다"고 했다.

제일기획의 한 직원은 호칭 개혁 이전에는 타 부서들과 회의에서 직급과 직책 때문에 원치 않는 일을 떠맡는 일이 많았는데, 모두 서로를 '프로'라고 호칭하면서 그런 일이 줄어들었다고 말했다. 또 '프로'란 호칭을 쓴 뒤 '막내'란 개념이 사라졌다며 '네가 뭔데?'라고 꾸짖는 상사도 줄어들었다고 했다.

호칭 파괴 바람은 직급 중심의 수직적 기업 문화를 수평적인 분위기로 전환하기 위하여 일단 호칭에서 동등한 이름으로 부르자는 시도였다. 처음부터 이름이나 ○○ 씨라고 부르면 반말이 되므로 모두를 동등하게 '님'으로 높이거나, '프로', '리더', '파트

너' 등의 영어 단어를 들여오거나, 아예 영어 이름으로 불러서 그 충격을 줄여보려는 여러 가지 시도가 있었다. 그러나 직장에서 호칭만 평등화한다고 히딩크의 효과를 만들어 낼 수는 없었다.

오리온은 2002년 '님' 호칭제를 실시한 후 7년 만에 다시 직급 호칭으로 돌아왔다. 사내의 위계질서 문화가 흔들리고 대외 업무를 하는 데 불편한 점 등이 이유였다. 원활한 소통을 위해 기존의 호칭 제도를 없앴지만 오히려 분위기만 어색해지고 내부에서는 기존처럼 직급 호칭을 부르는 사람들이 많아 기존 제도로 돌아왔다고 한다.

KT는 2010년 직급제를 폐지하고 부장이나 차장을 '씨'로 부르기 시작했고 2012년에는 호칭을 아예 '매니저'로 통일했다. 그러나 입사해 10년이 지나도 '매니저'라는 직책에 머문다는 직원들의 불만 등이 누적되어 2014년에 다시 원상태로 복구했다.

취업 · 인사포털 인크루트가 호칭 파괴를 시행한 기업의 직장인 309명을 대상으로 한 2009년 설문 조사결과, 호칭 파괴가 제대로 실행되고 있는가에 대해 60.2%가 '아니다'라고 답했다. 다른 조사에서는 과거의 직급 호칭으로 전환했으면 좋겠다는 직장인이 70.6%로 나타났다.[4]

호칭의 평등화는 사원들 간의 수직적인 위계감을 없애고 업무의 효율성을 높이며 사원들의 창의력을 향상할 수 있을 것이라는 기대에서 시작된 것이었다. 하지만 호칭 파괴가 능사가 아니라는 의견도 만만치 않다.

스타트업에서 근무했던 남모 씨는 이름만 영어로 부른다고 수평적이 되지 않는다며, 유교 문화권인 탓에 영어 이름 뒤에 '대표님'을 붙여서 '리처드 대표님'이라고 부르는 웃지 못할 일이 비일비재하다고 말한다. 박모 씨는 메신저로 대화할 때 'peter nim(피터 님)'처럼 한국식 존칭, '님'을 붙이는 일도 벌어진다고 말한다.[5]

히딩크식 평등 호칭 체계로의 변혁을 시도했던 수많은 기업이 과거의 호칭 제도로 다시 돌아가는 것을 보면서 우리 의식 속에 뿌리박힌 존대법의 관성이 얼마나 강력한 것인가를 확인한다. 동시에 그럼에도 불구하고 직급 중심의 호칭 체계에서 벗어나 수평적인 조직 문화를 구축하기 위한 기업들의 다양한 시도를 보면서, 글로벌 시대에 생존을 넘어 한 단계 더 높은 비약을 위해 수직적 조직 문화의 관성에서 벗어나는 것이 얼마나 절실한 것인가를 되새겨본다.

3

한국이 노벨상을 원한다면

페레츠 라비 총장에게 한국 과학계가 발전하기 위해서 한국의 대학이 어떻게 변해야 하는가를 질문했을 때, 그는 "이스라엘 대학 안에서 학생과 교수는 서로 호칭에 매몰되지 않는다"며 "학생과 교수가 서로 이름을 부르며 자유롭게 토론하는 게 일상"이라고 대답했다. 교수와 학생을 호칭에서부터 위아래로 차별하는 문화 속에서는 학생이 교수와 자유롭게 토론하면서 도전적이고 창의적인 아이디어를 내기 어렵다는 우회적인 표현이었다.

유대인의 노벨상 수상자 관련 정보를 제공하는 웹사이트(jinfo.org)에 따르면, 1901~2018년까지 노벨상 수상자 가운데 유대계 수상자가 203명으로 전체 수상자의 약 22%였다. 2018년 전 세계의 유대인 수는 1,400만 명 정도로 추산되며 이는 남북한 인구의 1/5도 안 되는 숫자이다. 전 세계 인구의 약 0.2%를 차지하는 유대인에게서 노벨상의 22%가 나올 수 있는 열쇠는 무엇일까?

한국인들의 평균 아이큐는 유대인보다 높다.[6] 부모들의 교육열도 그들에 뒤지지 않는다. 세계 최고의 교육열과 최다의 학습량에도 불구하고 한국이 국제 사회에서 더 큰 힘을 발휘하지 못하는 이유가 무엇일까?

미국인 리사 넬슨은 이스라엘의 교육 환경을 돌아본 후 이스라엘에서 가장 놀라웠던 것은 형식이나 격식을 따지지 않는 이스라엘의 비격식 문화였으며, 이스라엘 학교에서 학생과 선생이 서로를 이름으로 부르는 것이 가장 인상적이었다고 했다. 그는 이스라엘에서는 미국인도 놀랄 만큼 학생과 선생이 평등한 관계에서 교육이 이루어진다고 했다.

> 이스라엘에는 격식 차리기와 위아래 따지기 문화가 없다. 이런 **평등한 문화 때문에 이미 성공한 대가들과 새로운 아이디어를 가지고 막 출발선에 있는 젊은이들이 격의 없이 만날 수 있다.** 두 사람이 격식에 구애되지 않고 만나는 것이 이스라엘의 혁신과 창업을 키우는 토대이다. 학생들이 자신이 관심 있는 분야의 전문가와 직접 만날 수 있다고 생각해보라.[7]

『유대인 생각공부』의 저자 쑤린은 "유대인은 하나의 생각만을 강요하지 않는다. 그들 역시 권위를 존중한다. 그러나 맹목적으로 따르는 일은 결코 없으며, 만약 어떤 것을 추구한다면 기존의 권위를 뛰어넘어 그 위에 올라서려는 기질을 뼛속 깊이 새기고 있다. 유대인은 스스로 생각하고 자신만의 두뇌와 지혜로 사고하는 것을 중요시하며, 기존의 틀에 얽매이거나 권위 있는

인식 또는 관점에 속박되기를 거부한다"라고 말한다.[8]

2016년 한국을 방문한 이스라엘 테크니온 공대 페레츠 라비 총장은 "1991년 처음 한국을 방문했을 때와 최근 한국의 과학기술을 비교하면 상전벽해일 정도로 비약적인 성장을 이뤘다"라고 감탄했다. 라비 총장은 "한국 학생들의 우수함은 이스라엘 학생들에 비해 전혀 떨어지지 않는다"면서 "하지만 실패에 대한 두려움이 한국에서는 지나치게 커 창의적인 사고를 가로막고 있다"고 진단했다. 한국 문화를 잘 알고 있는 라비 총장은 교수는 학생을 이름으로 부르고, 학생은 깍듯이 '교수님'이라고 구분하는 한국 대학에 만연한 서열 문화 안에서는 학생과 교수가 자유롭게 토론하는 것이 어려울 것이라고 간접적으로 지적하기도 했다.

라비 총장은 "한국에서 노벨상 수상자를 배출하려면 후츠파 정신이 필요하다. 후츠파는 이스라엘어로 위험을 감수하는 당돌한 도전 정신을 뜻한다"고 말했다. 그는 "항상 아니요NO라고 말할 수 있는 용기를 어릴 때부터 키워야 비판적 사고가 자라날 수 있다"며 "여기서 나온 국가적 에너지가 노벨상을 탈 수 있는 저력으로 연결된다"고 덧붙였다.[9]

라비 총장은 이스라엘은 실패할 준비를 하고 있는 반면에 한국은 지나치게 주변을 의식해 도전 정신을 발휘하지 못한다고 지적했다. 그는 벤처의 메카로 불리는 이스라엘에서도 스타트업 성공률은 5%에 불과하지만, 이스라엘 젊은이들은 과감히 벤처 창업에 도전하고 실패하더라도 이를 담담하게 받아들이는 문화가 정착되어 있다고 했다.

유대인 교육의 핵심은 권위 있는 설명을 제시하는 것이 아니라 끊임없는 질문과 토론과 논쟁을 통해 각자 스스로 생각하도록 유도하는 것이다. 그러기 위해서는 먼저 스승의 위치에 있는 사람 스스로가 자신이 항상 가장 옳다는 자만에서 벗어나야 한다. 스승은 모든 것을 알고 있으며 스승이 말하는 것이 가장 옳은 답이라고 생각하는 문화에서 벗어나야 한다.

이 땅에는 아직도 윗사람은 말하고 아랫사람은 들으며 받아적는 일방적인 커뮤니케이션이 공손의 미덕으로 치부되는 문화가 남아 있다. 윗사람에게 질문하거나 윗사람의 의견에 반대하는 것이 불손하고 도전적인 행동으로 해석되는 문화가 여전하다. 윗사람 말씀 잘 듣는 것으로 한국에서는 성공할 수 있을지 모른다. 그러나 21세기 글로벌 사회에서 성공할 수는 없다.

21세기 글로벌 시대에 한국이 살아남으려면, 기존의 권위에 대해 의심하는 용기, 의심이 생겼을 때 질문하는 용기, 그리고 아니라고 판단되었을 때 아니라고 반대할 수 있는 용기를 가진 젊은이들을 길러야 한다. 이는 나이와 계급으로 누르는 윗사람들의 권력 행사가 잦아들고, 그들이 아랫사람과 평등한 인격체로 만날 수 있는 준비가 되었을 때 가능하다. 이를 위한 첫걸음은 존댓말과 반말에 숨겨진 권위주의와 계급 차별을 응시하는 것이다.

이스라엘 학생들은 명백한 것에 도전하고, 계속 질문하고, 모든 것을 토론하고, 혁신하도록 교육받는다. 이스라엘 선생은 학생들에게 절대로 '네가 들은 대로 따라 하라'고 가르치지 않는다.
한국이 노벨상을 원한다면 윗사람 말 잘 듣는 착한 아이가 아니라, 스승과 동등한 높이에서 질문하고 논쟁할 줄 아는 용감한 젊은이를 길러야 한다. 토론이 가능한 사회가 되지 않고는, 아니라고 말할 수 있는 도전 정신이 용인되지 않고는 글로벌 시대에 국제 사회에서 한국의 미래는 없다.

4 온라인에서의 존댓말과 반말

드디어 말을 트자는 소리가 이곳저곳에서 터져 나오기 시작했다. 방법은 여러 가지일 수 있다. 서로 '상호존대하자'고 할 수 있다. 반대로 서로 '말을 트자'고 할 수도 있다. 어떤 명칭이 되었든 사람을 위아래로 나누는 서열주의와 상명하복을 강요하는 말 습관에 대한 변화를 요구한다. '교수님'이 있으면 '학생님'도 있든가, 아니면 '님'을 모두 떼든가.

세상에 없던 피시통신이 시작되었을 때, 인터넷 대화 공간은 한국인들에게 난감한 공간이었다. 서로 만나자마자 겉모양만으로 상대가 몇 살쯤인지, 직업은 무엇 정도 되는지, 경제력은 어느 정도 되겠는지를 가늠하여 존대법을 조절해야 말을 시작할 수 있는 한국인들이었다. 그런데 상대에 대한 아무런 정보가 없는 상태에서 대화를 시작해야 하는 피시통신은 가히 충격적인 도전의 공간이었다.

> 인터넷을 처음으로 사용한 날은 기억이 나지 않지만 피시통신을 처음 접하던 날은 분명하게 기억한다. (…중략…) 그리고 경북

대학교 전자공학과 동아리 하늘소가 만들었다는 '이야기' 프로그램의 파란 화면은 곧 마술처럼 나를 수많은 아이디가 범람하는 피시통신의 호수로 인도했다. 거기에는 수많은 사람들이 있었고 모임이 있었고 정보가 있었고 뉴스들이 있었다.

신문과 방송은 나 혼자 보고 흘려보내면 그만이었지만 통신 공간 안에서는 개인들이 모여들어 치열하게 토론하며 의견들을 교환하고 있었다. (…중략…) 노인들도 자신들만의 공간을 만들어 소통의 즐거움을 누렸고 이른바 '초딩'들도 부지기수였다. 하이텔 '플라자'(아무나 의견을 올릴 수 있었던 토론장)에서 실컷 싸우다가 알고 보니 초딩이더라며 기가 막혀 하는 일도 흔했다.

당연했다. 한국 사회에서 이름 석 자조차 밝히지 않고 장유유서를 벗어나서 어울릴 통로가 무엇이 있었겠는가. 그 결과 나온 것이 '님'이라는 호칭일 것이다. 들은 얘기로 피시통신의 초창기 소규모 비비에스(BBS) 서비스에서 활약했던 한국 피시통신의 선구자(?)들 간에 큰 싸움이 일어났다고 한다. 한 명은 중년이었고 한 명은 어렸다. 결국 "너 몇 살이야?"라는 싸움이 되는 것을 본 회원들이 온라인상에서는 서로를 '선생님'으로 부르자고 했다가 그건 좀 아니라는 의견을 거쳐 다시 '님'으로 조정된 것이 그 시초라고 한다. 한 소규모 집단 내부의 약속이, 통신하는 사람들의 일반적 호칭으로 퍼져 나간 것이다. '님' 자가 붙으면 만사가 편했고 이는 오프라인으로 번져 은행이나 서비스센터 같은 공간에서도 '아무개 씨'보다는 아무개 '님'이 즐겨 사용되기 시작했다.[10]

피시통신은 한국인들이 나이에 상관없이 서로를 동등하게 '님'으로 존중하게 된 최초의 공간이었다. 또 자신의 의견을 위아래 순서에 상관없이 자유롭게 던질 수 있게 된 최초의 공간이었다. 한국인들은 역사 이래 처음으로 나이와 계급장을 떼고 사람과 만나고 토론할 수 있는 공간을 경험하게 되었다.

익명성과 비대면성이 보장되어 서로의 위계를 따질 수 없는 인터넷 공간은 자연스럽게 모든 사람을 평등하게 만드는 힘을 가졌다. 이런 평등 공간의 경험은 한국인의 토론 문화에 신선한 충격이었다. 한국인들이 나이나 계급보다 상대를 설득할 수 있는 논리가 힘을 발휘하는 신세계를 경험하게 된 것이다. 물론 상하가 없으므로 상명하복도 없다.

이 신세계에서 가장 큰 자유를 느끼는 사람들은 한국의 젊은이들이다. 나이가 어리다는 사실만으로 의견을 발표할 기회마저 없고, 의견의 무게와 상관없이 어린 사람의 말이라는 이유만으로 가볍게 취급당하는 면대면 공간과는 전혀 다른 평등 공간을 만나자, 어리다고 하대받던 젊은이들이 에헴 하는 어른들을 제치고 자신의 생각을 마음껏 펼칠 수 있게 되었다. 물론 이 신세계 안에서 논리가 달리면 상대에 대한 비방이나 감정 건드리기로 이야기의 흐름을 변질시키는 일이 비일비재하지만 그래도 일단 한국인들 사이에서 이런 평등 공간이 가능하다는 것만으로도 인터넷 공간은 혁명적이다.

이런 평등 공간이 등장하자마자 곧바로 떠오른 문제가 존대법이었다. 유저들은 존대법을 어떻게 조절하는 것이 합리적인가를 의논하기 시작했다. 상대를 어떻게 부르고 어떤 말꼬리를 사용해야하는가의 문제이다.

현재 대부분의 인터넷 커뮤니티에서는 존댓말을 사용하지만 반말로 운영되는 공간도 늘어나고 있다. 가장 적극적으로 반말을 사용하는 커뮤니티 중 하나인 디시위키는 'Just do it'을 '해라. 하라고 할 때, 할 수 있을 때 해라'로 번역한다.

디시위키에 '반말'을 검색어로 넣으면 다음과 같이 설명한다.

> **설명이야.**
>
> 디시(위키)인이 갖춰야 할 기본 **교양이야**. 디시의 자랑거리에 대해 **다루지**.
>
> 때문에 인터넷 커뮤니티를 존댓말 쓰는 대부분의 카페, 블로그를 하던 사람들이 디시를 접하면 충격을 **느끼지**. 그러나 금방 **익숙해지더라**. 사실 디시 초반에, 즉 Digital Camera Inside 시절에는 존댓말을 썼어. 하오체가 디시에서 생긴 것 만 봐도 알 수 **있지**. 그러나 전설적인 악플러 씨벌교황이 디시에 출현하면서, 반말을 쓰는 문화가 디시에서 **형성됐어**. "너 왜 예의 없게 존댓말 쓰냐?" 유명한 디시 **격언이지**. 이 씨벌교황이 사라진 후에도 디시에 반말 문화는 계속, 지금까지 유지되고 **있어**.[11]

인터넷 커뮤니티가 반말을 사용할 때 나름의 이유가 있다. 젊은 유저들은 존댓말이 형식적이고 어른들을 위한 서열 문화의 느낌을 지울 수 없다고 생각하기도 한다. 오프라인에서 가까운 친구끼리 반말을 하는 것처럼 온라인에서는 복잡하고 긴 존댓말보다 짧은 반말로 대화를 하는 것이 더 빠르고 명확하게 의견을 교환할 수 있다고 생각한다.

그러나 현재 한국 사회에서 반말이 아직은 '무례'와 '폭력'의 느낌으로 다가오는 상황에서 자칫 반말을 잘못 사용하면, 서로의 평등을 지향하는 평등어가 아니라 하대법의 반말로 변질되어 상대에 대한 모욕과 언어폭력의 도구로 전락할 가능성이 크다는 문제가 있다. 쌍방이 모두 동의하지 않은 상태에서 사용되는 반말은 상대에 대한 감정적인 비난과 인신공격의 수단으로 변질될 위험이 있다.

어쨌든 인터넷의 등장과 함께 한국어 존대법에 지각변동이 시작된 것이 확실하다. 그리고 상호존대가 되었든 상호하대가 되었든 평등 언어로의 지향은 점점 속도를 낼 것이다.

5 평등어로의 변신 1 –상호존대

한국어가 평등어로 가는 한 가지 방법은 상호존대를 활용하는 것이다. 상호존대는 윗사람은 아랫사람에게 '해라' 대신에 '해요'를 사용해서 아랫사람을 높여주고, 아랫사람은 윗사람에게 '하십시오' 대신에 '해요'를 사용해서 존대 수준을 한 급 낮추어 서로의 높이를 비슷하게 맞추는 어법이다. 계급 구분이 엄격했던 수직적 위계질서를 무시하고 아랫사람을 높이고 윗사람을 낮춘 '-요'의 출현은 한국어 존대법 역사에서 놀라운 일대 사건이었다. '-요'의 출현과 확대는 한국어 존대법이 수직적인 상하 관계에서 수평적인 평등 관계로 진화 중임을 보여준다.

존댓말과 반말 사이에 괴로운 한국인들에게, 존대법이 어려운 외국인에게, '-요'는 요술 방망이이다. 상대를 너무 높이지도 않고 너무 낮추지도 않는 '-요'를 문법에서는 상호존대라고 부른다. 존대와 하대 사이에서 줄다리기하는 한국인의 심리전에서 '-요'는 거의 만능해결사이다. 게다가 짧고 발음하기도 편해서 아이들이나 외국인도 배우기 쉽다.

'-요'는 가히 요술쟁이라고 할 수 있는데, 하대 종결어미 '-아/어, -지, -게, -가, -나, -군, -네, -데' 다음에 '-요'만 붙이면 반말이 순식간에 존댓말로 변신하기 때문이다. 물론 반말에 붙이는 '-요'는 상대를 높이기는 하지만 그 높이가 아주 높은 것은 아니다.

> 돌아왔어-요.
>
> 졸업은 했지-요.
>
> 김 선생이 아주 젊어 보이네-요.
>
> 내 말을 못 믿겠다는 말인가-요?
>
> 솜씨가 제법인데-요.[12]

'-요'의 정확한 기원을 알 수 없으나, 영정조 시대의 고대소설에서 처음으로 그 사용을 확인할 수 있다. 존대법의 위계질서를 흩트리는 '-요'의 출현은 조선 사회의 확고했던 위계질서가 흔들리는 과정과 궤를 같이한다.

> 무어시라 하여요, 모른다 **하였지요**.(「완판 춘향전」)
>
> 눈 뜰라다가 안진뱅이 **되게요**.(「심청전」)
>
> 이 밥 아니 먹었으면 **그만이지요**.(「흥부전」)[13]

16세기 말 임진왜란 이후 신흥 양반층이 새로운 계급으로 급성장하면서 기존의 엄격한 신분제도와 위계질서가 흔들리기 시작했다. 17~18세기경에 나타나기 시작한 '-요'는 1920년대 이후 문어체로까지 확대되고 6·25전쟁 이후 오늘에 이르기까지 그 사용이 점점 확대되고 있다.

그러나 '-요'의 출현에도 불구하고 한국어의 상호존대는 영어의 상호 존중과 비교하면 여전히 위아래를 구분하는 서열 중심의 어법이다. 예를 들어, 미국 할아버지와 손자는 서로에게 "Please, come home"이라고 할 수 있지만, 한국 할아버지는 손자에게 "집에 와 주세요" 혹은 "집으로 오세요"라고 말하지 않는다. 영어의 상호 존중은 위아래 계급 구분 없이 서로를 존중하는 수평적인 어법이다. 반면에 현재의 존대 문법 안에서는 상호존대의 모양을 취해도 위아래 계급이 계속 유지된다.

현재의 상호존대에서는 윗사람이 아랫사람을 높여도 어느 이상으로 높이지 못하고, 아랫사람이 윗사람을 낮추어도 어느 이상 낮출 수 없다. 예를 들어, 선생이 학생에게 질문하는 경우라면, '다 했어요?' 하고 선생이 학생을 한 단계 높인 상호존대는 가능하다. 그러나 '-시-'와 '-요'를 동시에 사용하여 학생에게 '다 하셨어요?'라고 두 단계를 높여서 말하지는 않는다. 반면에 학생은 선생에게 '다 했어요?' 하고 한 단계만 높이면 조금 버릇없게 느껴지고, '-시-'와 '-요'를 사용하여 '다 하셨어요?'라고 선생을 두 단계 이상 높여야 공손하게 느껴진다. 다시 말하면, 상호존대를 사용하더라도 윗사람은 아랫사람을 한 단계 정도만 높이고, 아랫사람은 윗사람을 두 단계 이상 높여서 차이를 두는 수직적인 계급 존대가 여전히 남아 있다.

'평등어로서의 상호존대'는 반말에 비해 저항감을 조금 줄일 수 있다. 그러나 자세히 들여다보면 아직은 그 역시 만만치 않다. 예를 들어 다음과 같은 대화가 가능하다.

교수 김 교수가 돌아왔어요?

학생 아니요. 아직 안 돌아왔어요.

교수 언제 돌아와요?

학생 다음 주에요.

교수 오면 알려줘요.

학생 네.

위의 대화가 교수와 학생 사이의 대화라면, 상호존대를 사용해도 교수와 학생이 말 높이가 똑같은 위의 대화가 뭔가 어색하고 불손하게 느껴진다. 이는 한국인의 의식구조 안에서 윗사람과 아랫사람의 구분 없이 모든 사람이 똑같은 높이가 되는 것이 얼마나 어려운 일인가를 보여주는 조그만 예이다.

극존대도 아니고 하대도 아닌 상호존대는 존대법에 익숙한 현재의 정서에 비추어 덜 충격적이다. 그러나 '평등어로서의 상호존대'를 지향하는 경우 다시 한번 기억해야 하는 것은 완전한 평등이 전제되어야 한다는 점이다. 즉, 윗사람과 아랫사람의 구분 없이 모두 같은 높이에서의 존대이어야 한다는 점이다.

'평등어로서의 상호존대'가 실현되려면, 모든 사람이 '-요'를 사용하여 서로의 높이를 평등하게 맞추는 동시에 윗사람에게만 사용했던 '께서'와 '-시-'를 더 이상 사용하지 않을 때 가능해진다.

질문의 핵심은 현재의 윗사람들이 아랫사람과 똑같은 높이가 되는 것을 견딜 수 있겠는가이다. '평등어로서의 상호존대'가 가능해지려면 무엇보다 먼저 모든 사람이 언어적으로 평등하다는 것을 받아들여야 한다.

'-요'가 존대법의 계급 간격을 축소해왔지만 한국어 상호존대는 아직 진정한 의미의 상호존대가 아니다. 시간이 지나면 '-요'가 수직적인 존대법을 물리치고, 동등한 위치에서 서로를 존중하는 상호 존중으로 진화할 수 있을까?

6 평등어로의 변신 2 – 짧은말

한국어가 평등어로 가는 또 하나의 방법은 '평등어로서의 짧은말'을 사용하는 것이다. 위아래를 나누지 않고 모두 평등하게 서로에게 짧은 말을 사용하는 방법이다. 그러나 '평등어로서의 짧은말'은 많은 장점에도 불구하고 반말로 인한 상처가 많은 한국인의 정서에 호응하기 쉽지 않다. 반말과 같은 형태를 가진 짧은말을 존대법에 익숙한 기성세대들이 받아들이기는 쉽지 않다.
그러나 정말 어려운 것은 어법을 고치는 것이 아니라 그 어법 밑에 깔려 있는 정신을 바꾸는 것이다. 만나는 모든 사람과 말끝마다 서열을 구분하여 말하는 것이 DNA에 각인되어 있는 한국인들이 서로 위아래를 나누지 않고 모든 사람이 평등해지는 것을 받아들이는 것이 가능할까?

한국어의 짧은말에는 두 종류가 있다. 하나는 '평어'이고, 다른 하나는 '반말'이다. 평어와 반말은 겉으로는 똑같은 형태를 가지고 있지만 그 밑에 깔려 있는 정신은 완전히 다르다. 다음의 대화를 들어보자.

A　다 했어?

B　아니, 아직 다 못했어.

A　그렇게 어려워?

B　응, 어려워.

A　언제까지 있을 거야?

B　몰라.

만약 이 대화가 친구끼리 하는 대화라면, 이들은 서로 하대하는 반말을 하는 것이 아니라 서로를 가깝게 느끼며 평어를 하는 것이다. 그러나 이 대화의 대화자가 교수와 학생으로 바뀌면, 교수와 학생이 서로 반말을 하는 것으로 느껴진다.

한국어의 반말과 평어는 그 겉모습은 똑같다. 반말과 평어를 구분하는 유일한 기준은 대화 당사자들이 서로 위아래를 따지는가의 여부이다. 대화하는 두 사람이 서로를 높이거나 낮춘다는 생각 없이 짧은말을 하면, 그리고 그 상황에 대해 의식적으로나 무의식적으로 시비를 걸지 않으면 평어가 된다. 현재 이런 평어는 친구나 엄마와 딸처럼 서로 위아래를 따지지 않는 가까운 관계일 때만 가능하다.

반면에 상호 간의 계급 구분을 전제로 짧은말을 하면 반말이 된다. 윗사람이 아랫사람에게 하는 반말을 '내가 위이고 너는 아래'라는 것을 표현하는 것이며, 아랫사람이 윗사람에게 하는 반말은 '나는 너를 윗사람으로 받아들일 수 없다'는 하극상이 된다.

한국인들은 짧은말에 대해 극단적인 두 가지 느낌을 가지고 있다. 하나는 평어에 대한 긍정적인 느낌이다. 평어로 사용되는 짧은말은 친구처럼 평등한 관계일 때 나누는 평등어인 동시에 모녀지간처럼 가까운 관계일 때 나누는 친근어이기 때문이다. 다른 하나는 반말에 대한 거부감이다. 반말로 사용되는 짧은말은 상명하복을 강요하는 억압어이거나 윗사람에 대한 하극상어가 되기 때문이다.

상호존대 외에 한국어가 평등어로 가는 또 하나의 방법은 서로가 평등한 높이에서 짧은말을 사용하는 것이다. 물론 반말과 그 형태가 같지만 그 기본 정신은 완전히 다르다.

'평등어로서의 짧은말'의 장점은 간단하고 짧다는 점이다. 짧은말은 규칙이 단순하다. 존댓말에 비하면 아예 규칙이 없는 것과 마찬가지이다. 사람 간의 높낮이를 따지지 않으며, '께, 께서'도 없고, '-시-'도 없고, '-요'도 없다.[14]

'평등어로서의 짧은말'을 사용하면 문법이 간단해지고, 존대법에 들였던 에너지를 더 생산적인 곳에 쓸 수 있다. 존대법을 위해 서로 의 높낮이를 계산하고 눈치를 보는 정신적 에너지를 절약할 수 있다. 존대법 때문에 점점 길어지는 문장을 만드는데 들였던 물리적 에너지도 절약할 수 있다. 무엇보다 문법이 간단해져서 존대를 표현하는 방법보다 말하는 내용에 집중할 수 있다.

모두 평등한 관계에서 평등어를 사용하면 내가 마땅한 존대를 받고 있는지 너를 얼마만큼 높여 대우해야 할지를 따지는 데 정신을 쓸 필요도 없고, 존대에 대한 서로의 기대 수준이 달라서 겪는 갈등도 없어지고, 존대법에 들이는 허례 의식도 줄이고, 말의 형식보다 내용을 중시하는 새로운 세상을 열 수 있다.

누군가는 반문할 것이다. 어떻게 손자가 할아버지랑 동등하고 학생이 선생과 동등하냐고. 위아래를 구분하는 예절을 지키지 않으면서 어떻게 인간으로서의 도리를 지킬 수 있느냐고. 그러나 언어에 서열이 없는 이스라엘도 엉망이 아니고 미국도 엉망이 아니고 세상의 대부분의 나라가 엉망이 아니다.

쎄이요르 사람들은 절대방위의 기준 없이 어떻게 말을 할 수 있냐고 생각하겠지만 21세기 현재는 나침판 한 개만 있으면 그 문제를 간단히 해결할 수 있다. 존대법 없이 어떻게 질서 유지할 수 있겠느냐고 반문하는 사람도 있겠지만 지금은 500년 전 조선 시대와 다르다. 우리는 이미 모든 사람이 평등한 세상에 들어와 있다.

언어는 살아있고, 사회가 변하면 언어도 변한다. 지난 2000년 동안 존대법이 한국어 안에서 주인 노릇을 하며 흔들림 없이 굳건히 그 자리를 지킬 수 있었던 이유는 '평등'이라는 정신이 그 오랜 세월 동안 한반도 안에서 발붙일 틈이 없었기 때문이다. 그러나 지난 100년간 한반도에서 일어난 혁명적인 변화들은 우리의 말 속에 뭔가 참을 수 없는 불편함과 답답함과 부당함이 있다는 것을 느끼게 만들었다. 그리고 그 부당함에 대한 의심이 한국인들의 의식 위로 올라오고 있다. 혁명적인 사건이 발생해도 수천만이 사용하던 언어가 하루아침에 바뀌지 않으며, 극심한 독재로 강압하여도 민중이 사용하는 언어를 단숨에 바꿀 수 없다. 그러나 그런 것을 알고 있으면서도 한국어의 문법 속에 DNA처럼 박혀있는 존대법을 의심하고 어떻게 바꿀 수 있을까를 헤아려보게 되는 이유는 그 문법이 우리가 살고 있는 세상을 도저히 담아낼 수 없을 만큼 부조리한 정신을 강요하고 있기 때문이다.

7 공손함을 넘어 상호존중으로

얼마 전 많은 사람의 관심을 불러일으킨 홍준표와 유시민의 홍카레오 유튜브 대담이 있었다. 160분간의 치열한 토론의 첫머리 5분 동안 사회를 맡은 변상욱 앵커는 자신을 포함한 세 사람의 호칭을 정리하는 데 바빴다. 일단 '홍준표 전 자유한국당 대표'와 '유시민 노무현재단 이사장'이라는 긴 호칭을 '홍준표 대표님'과 '유시민 이사장님'으로 줄였다. 다시 너무 길어서 입이 잘 안 돌아간다는 농담 반 진담 반의 이유를 들어 '홍 대표님' 하겠고, '유 이사장님' 하겠다고 두 사람의 양해를 구하는 동시에 본인은 '변 기자'라고 불러 달라고 자신을 낮추며 서로 간의 호칭을 정리하는 데 첫 2분을 사용했다. 그러는 사이 홍준표는 '유시민 장관'이라고 부르겠다고 말하고, 사회자를 '변 기자님'이라고 부르기 시작했다. 유시민에게 붙는 '장관'이라는 타이틀에 사회자와 유시민 본인도 의아한 표정을 지었지만 상대가 지속해서 '장관'이라고 부르니 막을 수도 없었다. 그 와중에 사회자는 자기와 유시민은 동갑내기이고 선배인 홍준표는 65세라는 것을 밝히는 데까지 3분이 채 안 걸렸다.

세계 어느 토론장에서 그 나라의 대표적인 정치인들이 서로를 어떻게 부르는 것이 좋겠는지 호칭을 상의하여 합의하고, 지나가는 말처럼 그러나 공개적으로 서로의 나이를 확인하는 데 토론의 전반부 5분을 사용하는 나라가 있을까? '홍 대표님'과 '유 이사장님'과 '변 기자님'에 붙어 있는 직함이 끊임없이 반복되는 동안 시청자의 잠재의식 속에서 저 사람들은 높은 자리에 있는 사람들이구나 하는 인상만 짙어지고, 토론 내용의 핵심과 그 논리성에 대한 판단은 점점 멀어져 갔다.

그때가 마침 존대법 이야기를 마무리할 시점이었고 한국어 호칭의 복잡한 계산법과 한국인들의 나이에 대한 비정상적인 집착에 대해 요약정리까지 마친 마당이었지만, 이 나라의 지도자급 어른들이 공식적인 토론장에서 만나자마자 서로에 대한 호칭을 정리하며 아첨을 교환하고 서로의 나이를 은연중에 계산하여 그 서열을 밝히는 것을 보면서 존대법 예절과 공손함 뒤에 가려진 한국인들의 서열 집착증이 얼마나 심각한 것인가를 다시 체험하는 순간이었다.

'이 시점에 왜 뜬금없이 존대법에 시비를 거냐'고 묻는 사람도 있지만 이 시점이야말로 존대법 뒤에 숨겨진 서열 의식을 더 이상 방치할 수 없는 한계점에 왔다는 것이 답이다. 나이로든, 경제력으로든, 학벌로든, 계급으로든 무엇인가를 빌미로 습관적으로 사람을 위아래를 나누고 그 기준으로 서로의 서열을 파악해야만 마음이 편해지는 것이 한국 사람들이다. 서열에 맞추어 윗사람에게 공손해야 예절 바른 사람이 되는 것이 한국이다. 그리고 윗사람에 대한 공손은 윗사람에게 모든 우선권을 양보하는 것을 의미하고, 능력 있는 아랫사람은 윗사람의 뜻에 맞추어 일을 처리하는 사람을 의미하는 것이 한국이다.

한국식 공손이 이해되지 않는 21세기 글로벌 문화 환경 속에서 한국식 공손은 더 이상 미덕이 아니다. 공손을 강요하는 존대 문화를 멈추어야 한다. 공손함보다 더 중요한 것은 동등한 인격체로서의 상호 존중이다. 윗사람과 어른을 존대해야 하는 것만큼 아랫사람과 젊은이들도 똑같이 존중받을 권리와 자격이 있다. 과거에 어른을 존대했던 만큼 이제는 젊은이들과 아랫사람들이 자기 스스로를 존중하고, 서로 똑같은 높이에서 존중하고 존중받는 것에 뼛속까지 익숙해져야 한다.

존대 문화는 공손을 강조한다. 그러나 윗사람은 그들의 권위와 힘과 특권을 모두 누리면서 아랫사람에게 공손하기를 강요하는 존대 문화는 21세기 글로벌 문화를 거스르는 구시대의 흔적이다. 우리가 과거를 넘어 미래로 나가려면, 한반도를 넘어 글로벌 세상으로 나가려면, 어른들도 윗사람도 함께 변해야 한다. 나는 대한민국이 위와 아래를 구분하고 그 높이에 따라 존대와 하대가 이루어지는 동방예의지국에서 벗어나기를 기대한다. 위에서 아래로의 일방적인 의사전달이 질서 있는 사회로 이해되는 나라에서 벗어나기를 기대한다. '윗사람 존대 문화'가 '상호 존중문화'로 바뀌기를 기대한다.

글을 마치며

한류와 케이팝 스타들의 인기에 힘입어 불붙은 한국어 배우기 열풍 속에 한국어가 역사 이래 최대의 관심을 받으며 최고의 인기를 누리고 있다. 미국 현대언어협회에 따르면 미국 대학에서 한국어 수강자가 2013년에서 2016년 사이에 14% 증가했다. 미국 대학에서 한국어 수강자 수는 20년 전 163명에서 현재 14,000명으로 급증했다. 세계적인 언어학습 웹사이트 듀오링고Duolingo는 급격히 증가하는 수요에 맞추어 2017년에 한국어 과정을 시작하여 2018년 현재 수강자가 20만 명이다.[1]

한반도 역사 이래 한자와 한문에 밀리고 일본어에 밀리고 심지어는 영어에 밀려 한국인들 사이에서조차 대접받은 기억이 희미한 한국어가 동남아뿐만 아니라 미국, 캐나다와 라틴 아메리카에 이르기까지 전 세계의 젊은이들로부터 전례 없는 관심을 받고 있다는 소식에 반신반의했었다. 그러나 뉴욕에서 만난 젊은 미국인 수학 선생이 케이팝에 심취하여 한국어에 대해 이것저것 묻는 것을 보면서 한국인으로서 자랑스럽고 신기하기까지 했다.

그러나 미국 외무부 훈련국은 한국어를 미국인이 배우기 어려운 언어 중 하나라고 평가하고, 영국의 BBC 방송은 한국어 배우기 열풍을 기사화하면서 케이팝 팬들에게 한국어를 배우기는 절대 쉽지 않다고 충고한다.

한국어를 배워본 외국인들이 한국어에 대해 하는 공통적인 코멘트는 두 가지이다. 하나는 한글이 배우기 매우 쉽다는 것이고, 다른 하나는 한국어는 매우 어려운데 특히 존대법이 가장 어렵다는 것이다.

21세기 글로벌 사회가 존대법에 의심의 눈길을 보내고, 우리들 스스로 극적인 민주화를 진행하고 있으면서도 극단의 서열주의를 바탕으로 한 존대법에서 벗어나지 못하는 이유는 세 가지다.

첫째는 모국어는 거의 무의식중에 사용하기 때문에 존대법 뒤에 숨어 있는 계급 논리를 의식하기 힘들기 때문이다.

둘째는 문법은 쉽게 바뀌지 않는 관성을 가지고 있기 때문이다. 문법이 바뀌려면 혁명적인 사회 변화와 많은 시간이 필요하다. 더구나 존대법처럼 문법이 예절이나 도덕 등의 가치관과 직결되면 그 문화적 관성의 힘이 더 강력해져서 변화가 더욱 어렵다.

셋째는 존대법으로 대접받는 윗사람들이 존대법을 유지하려 하기 때문이다. 존대법으로 절대적인 이득을 얻는 기득권자들은 존대법의 가치를 의심하지 않는다. 그들은 교육을 통해 존대법을 유지한다. 반면에 비기득권자는 존대법의 문제를 의식하더라도 그것을 해결할 힘이 약하다.

그러나 그럼에도 불구하고 언어는 살아있다. 세상이 바뀌면 언어도 바뀐다. 그리고 지금 그 변화를 위한 갈등과 몸부림이 이곳저곳에서 터져 나오고 있다. 문화의 관성력이 무의식중에 우리가 존대 문화에 안주하도록 조장하지만, 다양한 문화가 역동적으로 만나는 글로벌 시대에 우리는 세계인의 눈을 통해 우리가 인식하지 못했던 존대 문화의 함정이 무엇인지 확인할 수 있다.

방탄소년단에 열광하는 세계의 젊은이들이 한국어를 배우고 싶은 이유는 노래에 담긴 한국어 가사를 직접 해석해보고 싶어서라고 했다. 한국 드라마 열기가 한창일 때 한국 드라마를 보며 한국어를 배우려는 외국인들의 수가 급증하기도 했다. 그런데 한국어를 배우고자 열망하는 세계의 젊은이들에게 존대법을 표시하기 위해 필요한 서열 계산법을 이해시킬 수 있을까? 그들이 한국식 서열주의를 이해하고 존대 문화에서 배울 것이 있다고 느낄까?

존대법은 서열 중심의 인간관을 한국인의 정신 속에 고착화하는 기본적이고 핵심적인 장치이다. 존대법은 말하는 내용과 그 논리성보다 윗사람에게 어떻게 말해야 하는가를 먼저 생각하게 만들고 윗사람과 평등한 관계에서 생각하고 대화하는 정신을 가로막는다.

우리 젊은이들이 한반도를 넘어 글로벌 사회로 나가려면 존대법의 함정을 응시하고 존대법이 강요하는 서열주의에서 벗어나야 한다. 집안에서 새는 쪽박은 밖에 나가도 샌다. 한반도에서 습관화된 존대 예절과 서열주의는 한국의 젊은이들이 국제무대에서 영어로 대화하면서도 무의식중에 누가 위이고 아래인가를 헤아리게 만든다. 그리고 세계인들과 평등한 관계에서 당당하게 토론하고 협상하지 못하게 만드는 걸림돌이 된다. 한반도에서 선배와 스승과 윗사람의 눈치를 보며 윗사람의 뜻에 복종하던 한국인은 맨해튼에 가도 그 습관을 버릴 수 없다.

한국의 젊은이들이 한반도를 넘어 글로벌 사회에서 리더가 되려면, 한국인들이 세계무대에서 세계인들과 평등하게 교류하고 싶다면, 한반도 안에서부터 평등해져야 한다. 21세기 대한민국의 또 한 번의 비약을 꿈꾼다면, 무의식중에 구가 되는 존대법의 양태를 우리의 의식 위로 끌어 올려 살펴보아야 할 때가 되었다. 그리고 존대법 뒤에 숨어 우리의 의식을 지배하고 있는 존대와 하대의 실상과 허상을 함께 생각해보아야 할 때가 되었다.

'한국은 정말 다이내믹한 사회'라고 했던 어떤 외국인의 말이 생각난다. 그는 한국의 가장 큰 매력이 바로 이 역동성이라고 말했었다. 2년 전에는 상상도 할 수 없었던 일이 지금은 가능해지는 한국의 변화무쌍함이 한국의 매력이자, 한국의 힘이다. 존대법을 감히 문제 삼는 배경에는 한국의 역동성에 대한 강한 믿음이 있는 것인지도 모른다.

본문 주석

제1장_ 한국인의 정신을 지배하는 한국어 존대법

1 "5 Languages That Could Change the Way You See the World", NAUTILUS, 2015.3.3. http://nautil.us/blog/5-languages-that-could-change-the-way-you-see-the-world
2 http://www.messagetoeagle.com/kuuk-thaayorre-language-uses-cardinal-direction-to-define-space/
3 Lera Boroditsky, "How does our language shape the way we think?". https://www.edge.org/conversation/lera_boroditsky-how-does-our-language-shape-the-way-we-think
4 "5 Languages That Could Change the Way You See the World", NAUTILUS, 2015.3.3. http://nautil.us/blog/5-languages-that-could-change-the-way-you-see-the-world
5 https://www.outsidethebeltway.com/language_shapes_thought/
6 다니엘 튜더, 노정태 역, 『기적을 이룬 나라 기쁨을 잃은 나라』, 문학동네, 2013, 362쪽.
7 왕 샤오링, 『왕 샤오링의 한국 리포트』, 가람기획, 2002, 98쪽.
8 이마무라 히사미, 「받아들이기 힘든 한국의 호칭 문화」, 『한글 새소식』 485, 한글학회, 2013, 16쪽.
9 『경향신문』, 2015.10.12.
10 CBS, 2015.10.11.
11 연합뉴스, 2017.2.23.
12 이마무라 히사미, 앞의 글, 16쪽.
13 강원국, 『대통령의 글쓰기』, 메디치, 2014, 316쪽.
14 왕 샤오링, 앞의 책, 126쪽.
15 짱구아빠, 「반말하지마!!!」, 2006.11.19. http://blog.aladin.co.kr/m/7133201 93/1002983?Partner=maladdin
16 왕 샤오링, 앞의 책, 126쪽.
17 고종석, 『고종석의 문장—아름답고 정확한 글쓰기란 무엇일까』, 알마, 2014, 55쪽.
18 Abasolo, R, 「서양인이 본 한국어 경어법」, 『새국어생활』 1-3, 국립국어원, 1991, 126~134쪽.
19 위의 글, 126~134쪽.
20 위의 글, 126~134쪽.
21 말콤 글래드웰 CNN 인터뷰, 2009. https://edition.cnn.com/videos/bestoftv/ 2014/04/18/exp-gps-gladwell-korean-pilot.cnn
22 Jennifer Reingold, "Secrets of their success", *FORTUNE*, Meredith Corporation, 2008.11.19. http://archive.fortune.com/2008/11/11/news/companies/secretsofsuccess_gladwell.fortune/index.htm
23 https://edition.cnn.com/videos/bestoftv/2014/04/18/exp-gps-gladwell-korean-pilot.cnn
24 말콤 글래드웰, 노정태 역, 『아웃라이어』, 김영사, 2009, 248쪽.
25 *The Guardian*, 2012.7.5.

26 https://edition.cnn.com/videos/bestoftv/2013/07/10/lead-asiana-214-crash-korean-culture.cnn

제2장_ 한국어 성경의 예수 존대 딜레마

1 호인수, 「반말하는 예수, 반말하는 사제」, 2009.12.23. http://www.catholicnews.co.kr/news/articleView.html?idxno=2865
2 강대인, 「새 번역 성경이 나오기까지, [1]예수님 말씀과 존대법」, 『사목』 314, 한국천주교중앙협의회, 2005.5.
3 임승필, 「예수님과 우리말」, 『사목』 270, 한국천주교중앙협의회, 2001.7.
4 위의 글.
5 강대인, 앞의 글.
6 위의 글.

제3장_ 존대법의 두 얼굴, 존댓말과 반말

1 박석준, 「국어 존대법의 커뮤니케이션 기능과 전략에 대하여」, 『연세어문학』 32, 연세대, 2000.
2 이태정, 「한국 사회 이주노동자들의 사회적 배제와 연대」, 『한국사회학회 사회학대회 논문집』, 한국사회학회, 2004, 717~724쪽.
3 「"나 29살이야, 당신 마흔 넘었지 쉰이야?" 조현민 갑질 폭로」, 『국민일보』, 2018.4.14.
4 「대한항공, '땅콩회항' 노골적 은폐 역사…'물세례 갑질'은?」, 『한겨레』, 2018.4.18.
5 "In Germany, online hate speech has real-world consequences", *The Economist*, 2018.1.12.
6 「화제가 되는 홍준표, 문재인 나이, 문 후보가 1살 형」, 『중앙일보』, 2017.4.26.
7 「"어디서 반말이냐" 고성…김진태－박범계 연일 '충돌'」, JTBC, 2017.2.28. http://news.jtbc.joins.com/article/article.aspx?news_id=NB11430568
8 「"후배, 앞으로 나와" 문재인 부른 김무성」, 『중앙일보』, 2015.2.12.
9 「"함부로 말 놓지 맙시다"」, 『한국일보』, 2015.11.9.
10 「(질문) 자꾸.. 11살짜리가 반말해요 도와주세요」에 대한 답글, 네이버 지식IN, 2007.10.13. http://m.kin.naver.com/mobile/qna/detail.nhn?d1id=11&dirId=110407&docId=27054801&qb=67CY66eQ7ZWY7KeA66el&enc=utf8§ion=kin&rank=1&search_sort=0&spq=0
11 「평소 반말하던 후배 흉기로 찌른 50대 징역 6년」, 뉴시스, 2015.4.6. http://www.newsis.com/ar_detail/view.html?ar_id=NISX20150406_0013583214&cID=10814&pID=10800)
12 「'게임 중 반말해?' 시비 끝 '현피' 살인미수 30대 징역형」, 『경향신문』, 2015.5.29.
13 A Riskin · A Erez · TA Foulk · A Kugelman · A Gover, "The Impact of Rudeness on Medical Team Performance : A Randomized Trial", *PEDIATRICS* 136-3, 2015.8.
14 「병원 전공의 수련에 교수들 '폭력 처방'?」, 『한겨레』, 2006.11.17.

제4장_ 권력에 아부하는 호칭

1 「뉴욕타임스, 朴대통령에 'Mrs' 경칭 썼다 정정」, 연합뉴스, 2015.10.17.
2 *The New York Times*, 2015.10.16.

3 〈PRESIDENT OBAMA〉, CBS. https://www.cbsnews.com/news/president-obama-60-minutes-syria-isis-2016-presidential-race
4 "Video & Transcript : President Obama on 60 Minutes : Full Interview with Steve Kroft", SHALLOW NATION, 2015.10.11. http://www.shallownation.com/2015/10/11/video-transcript-president-obama-on-60-minutes-full-interview-with-steve-kroft
5 "Obama Nears Needed Votes on Iran Nuclear Deal", *The New York Times*, 2015.9.1.
6 「'아베담화' 이후 아베 지지율 회복세…닛케이 조사서 46%」, 『아시아투데이』, 2015.8.31. http://www.asiatoday.co.kr/view.php?key=20150831010017191
7 「정치 무관심 日국민 300여 곳서 시위…아베산성 지지율은 '고공행진'」, 『화이트페이퍼』, 2015.8.31. http://www.whitepaper.co.kr/news/articleView.html?idxno=45706
8 「"트럼프는 반역적, 역겹다"… 발칵 뒤집힌 미국」, 『조선일보』, 2018.7.18.
9 「천안함 영웅? 패잔병 대우 받았다」, 『한겨레21』, 2018.7.17.
10 「강경화 "위안부 합의, 모든 것 가능"…파기 포함 후속조처 시사」, 『한겨레』, 2018.1.4.
11 「김기춘 '화이트리스트' 검찰소환 불응..."건강 문제"」, 허핑턴포스트, 2017.12.12.
12 「처음 만난 최태민은 '육여사와 박근혜만 아는 일'을 알고 있었다」, 『아시아경제』, 2016.10.28.
13 「청와대 경호처 직원이 목격한 최순실의 파워」, 『미디어오늘』, 2018.1.18.
14 김동수, 『조선말례절법』, 탑출판사, 1989(평양 : 과학백과사전출판사, 1983).
15 KBS 라디오, 〈이대통령 월남 방문 실황중계〉, 1958(김상준, 『남북한 보도방송 언어연구—우리 언어의 동질성 회복은 가능한가?』, 커뮤니케이션북스, 2002).
16 KBS라디오, 2000.6.13(김상준, 「정상회담과 북한언론의 '언어서열'」, 업코리아, 2004.6.18).
17 이정복, 「남북한 정상에 대한 언론의 경어법 사용 분석」, 『국어국문학』 128, 국어국문학회, 2002, 29~51쪽.
18 「北서 '김정은' 이름 아무도 못쓴다」, 『국민일보』, 2014.12.4.
19 「삼성가(家) 가족 이름 '상표권' 왜?」, 『세계일보』, 2015.6.25.

제5장_ 21세기 변화를 따라잡지 못하는 존대법

1 전성수, 『부모라면 유대인처럼 하브루타로 교육하라』, 예담프렌드, 2012, 80쪽.
2 마틴 메이어, 크리스 존슨 · 안순자 역, 『마틴 씨, 한국이 그렇게도 좋아요?』, 현암사, 2005.
3 위의 책, 74쪽.
4 "Yeonmi Park's long journey from North Korea to Chicago", NBC NEWS, 2018.3.3.
5 리처드 니스벳, 최인철 역, 『생각의 지도』, 김영사, 2004, 28~29쪽.
6 http://clipbank.ebs.co.kr/tbookTopic/tbookContent?tbookId=TBK_2017_00036&cntsId=1186
7 〈EBS 〔다큐 프라임〕 '왜 우리는 대학에 가는가—5부 말문을 터라'〉.
8 박노자, 『당신들의 대한민국』 1, 한겨레출판, 2001, 155쪽.
9 다니엘 튜더, 노정태 역, 『기적을 이룬 나라 기쁨을 잃은 나라』, 문학동네, 2013, 87쪽.
10 위의 책, 265쪽.
11 「〔단독〕 조윤선 구속 결정적 계기는 '고엽제전우회 데모' 지시였다」, 『한겨레』, 2017.1.26.
12 「여러분은 학번제에 관해 어떻게 생각하세요?」, 모바일 타입문넷, 2013.3.9. http://m.typemoon.

net/plugin/mobile/board.php?bo_table=freeboard&wr_id=882429
13 「"선배들보다 먼저 수저들면 안 돼!" 대학 내 군대 문화 파문 '일파만파'」, 『국민일보』, 2015.11.11.
14 남규한, 「형, 나한테 반말하지마」, 2017.2.11. http://morethanair.com/archives/584
15 「KB금융그룹 2009년도 실적발표회 Presentation」. https://www.kbfg.com/IR/IR2009_4Q/kor/01/script.htm
16 라파엘 아바솔로, 「서양인이 본 한국어 경어법」, 『새국어생활』 1-3, 국립국어원, 1991, 132쪽.
17 김홍매, 「어려운 한국어 존댓말」, 『한글 새소식』 496, 한글학회, 2013, 19쪽.
18 조신옥, 「교양 있는 사람」, 『한글 새소식』 515, 한글학회, 2015, 16쪽.
19 김희숙, 「청자대우 '해요체' 사용과 사회적 집단과 상관성」, 『사회언어학』 8-1, 한국사회언어학회, 2001, 182쪽.

제6장_ 변화하는 사회, 진화하는 존대법

1 「나는 히딩크에게 야망을 배웠다—2002한일월드컵 축구국가대표팀 박항서 코치」, 『신동아』, 2004.9.
2 「함부로 말 놓지 맙시다」, 『한국일보』, 2015.11.9.
3 「삼성 사내식당 이런 음식도 나온다니 "와~"」, 『머니투데이』, 2012.5.23.
4 「직장인 60.2%, "직위파괴? 제대로 실행 안 돼"」, 『뉴스와이어』, 2009.6.30.
5 「미국서 배워온 스크럼, 판교선 직원 쪼는 시간」, 『중앙일보』, 2019.3.3.
6 「IQ—1등 국가, 한국인의 두뇌연구」, 『월간조선』, 2004.2.
7 "15 Surprising Facts abt #Education In Israel-My #VibeEdu @VibeIsrael Tour", Tech Learning, 2015.12.24. https://www.techlearning.com/tl-advisor-blog/10128
8 쑤린, 권용중 역, 『유대인 생각공부』, 마일스톤, 2019, 35쪽.
9 「담대한 실패와 과감한 도전을…韓, 노벨상 원한다면 바꿔어야」, 『매일경제』, 2016.4.18.
10 「나우누리 사무실에 한총련 방이 몇호실이야?」, 『한겨레』, 2014.7.20.
11 「반말」, 디시위키. https://wiki.dcinside.com/wiki/%EB%B0%98%EB%A7%90
12 문병우, 「화용지표—요에 대한 연구」, 경상대 박사논문, 2002.
13 신창순, 『국어문법연구』, 박영사, 1984, 223~226쪽.
14 현재 존대법에서 사용하고 있는 '께, 께서' 등의 존칭 조사나 '저, 저희' 등의 겸양 1인칭 대명사는 15세기 이전에는 없었던 요소들이다.

글을 마치며

1 "K-pop drives boom in Korean language lessons", BBC News global education, 2018.7.11.

참고문헌

『200주년 신약성서』(보급판), 1991.
『공동번역 성서』, 대한성서공회, 1977.
『공동번역 성서 개정판』, 대한성서공회, 1999.
『공동번역 신약 성서』, 대한성서공회, 1971.
「나는 히딩크에게 야망을 배웠다 – 2002한일월드컵 축구국가대표팀 박항서 코치」, 2004.9.1.
「다·나·까 써라…대학 학부 카톡방 군기 잡기 논란」, 『한국일보』, 2015.11.10.
「담대한 실패와 과감한 도전을…韓, 노벨상 원한다면 바뀌어야 – 이스라엘 테크니온 공대 총장」, 『매일경제』, 2016.4.18.
「선배보다 먼저 수저들면 안 돼! 대학 내 군대 문화 파문 '일파만파'」, 『국민일보』, 2015.11.11.
『성경』, 천주교중앙협의회, 2005.
『성경 전서 개역 개정판』, 대한성서공회, 1998.
『성경 전서 새번역』, 대한성서공회, 2001.
『성경 전서 표준새번역』, 대한성서공회, 1993.
『한국 천주교회 창립 200주년 기념 신약성서』(개정보급판), 분도출판사, 1998.
「나우누리 사무실에 한총련 방이 몇호실이야?」, 『한겨레』, 2014.7.20.
「IQ – 1등 국가, 한국인의 두뇌연구」, 『월간조선』, 2004.2.
강대인, 「성서 번역 결정에 관한 기록」, 『사목』 312, 한국천주교중앙협의회, 2005.
______, 「새 번역 성경이 나오기까지, [1]예수님 말씀과 존대법」, 『사목』 314, 한국천주교중앙협의회, 2005.
강영, 「외국인을 위한 한국어 호칭어 교육」, 『비교한국학』 14-2, 국제비교한국학회, 2006.
강원국, 『대통령의 글쓰기』, 메디치, 2014.
강희숙, 「호칭어 사용에 대한 사회언어학적 분석」, 『사회언어학』 10-1, 한국사회언어학회, 2001.
고종석, 『고종석의 문장 – 아름답고 정확한 글쓰기란 무엇일까』, 알마, 2014.
김희숙, 「청자대우 해요체 사용과 사회적 집단과 상관성」, 『사회언어학』 8(1), 한국사회언어학회, 2000.
남기심, 「국어 존대법의 기능」, 『인문과학』 45, 연세대 인문과학연구소, 1981.
다니엘 튜더, 노정태 역, 『기적을 이룬 나라 기쁨을 잃은 나라』, 문학동네, 2013.
라파엘 아바솔로, 「서양인이 본 한국어 경어법」, 『새국어생활』 1-3, 국립국어원, 1991.
레오 바이스게르버, 허발 역, 『모국어와 정신형성』, 문예출판사, 1993.
리처드 니스벳, 최인철 역, 『생각의 지도 동양과 서양 – 세상을 바라보는 서로 다른 시선』, 김영사, 2004.
마틴 메이어, 크리스 존슨 · 안순자 역, 『마틴 씨, 한국이 그렇게도 좋아요?』, 현암사, 2005.
말콤 글래드웰, 노정태 역, 『아웃라이어』, 김영사, 2009.
모리모토 가츠히코, 「한일 청자 존대 표현」, 『한양어문』 17, 한양어문학회, 1999.
문병우, 「화용지표 - 요에 대한 연구」, 경상대 박사논문, 2002
박노자, 『당신들의 대한민국』 1, 한겨레출판, 2001.
박석준, 「국어존대법의 커뮤니케이션 기능과 전략」, 『연세어문학』 32, 연세대, 2000.
박양규, 「국어경어법의 변천」, 『새국어생활』 1-3, 국립국어원, 1991.
쁘라주업 인센, 「한국어와 태국어의 대우 표현에 관한 대조적 연구」, 전주대 박사논문, 2005.
서진숙, 「학부 유학생의 호칭어 사용 연구」, 『이중언어학』 40, 이중언어학회, 2009.
손범규, 「남북한 방송언어의 비교 연구」, 연세대 석사논문, 2002.
손희진, 「병원 간호사가 경험하는 언어폭력과 그에 따른 정서적 반응 및 직무스트레스」, 성신여대 석사논문, 2011.
신창순, 『국어문법연구』, 博英社, 1984.
쑤린, 권용중 역, 『유대인 생각공부』, 마일스톤, 2019.
안태형, 「인터넷 토론 댓글의 표현 전략 연구」, 동아대 박사논문, 2010.
양영희, 「15세기 국어 존대법 - 국어 존대 기능의 변천 양상에 대한 시론」, 『한국어학』 22, 한국어학회, 2004.
______, 「16세기 청자 존대법의 특징 고찰 – 15세기에서의 변천을 중심으로」, 『인문학연구』 34-3, 숭실대 인문과학연구소, 2007.
______, 「국어 호칭어 체계 수립을 위한 사적 고찰」, 『한국언어문학』 68, 한국언어문학회, 2009.
왕 샤오링, 『왕 샤오링의 한국 리포트』, 가람기획, 2002.

왕한석, 「언어생활의 특성과 변화 – 신분지위호칭과 의사친척호칭의 사용을 중심으로」, 『사회언어학』 8-1, 한국사회언어학회, 2000.
유승무 · 이태정, 「한국인의 사회적 인정 척도와 외국인에 대한 이중적 태도」, 『담론 201』 9-2, 한국사회역사학회, 2006.
유타니 유키토시, 「일본인이 본 한국어 경어법」, 『새국어생활』 1-3, 국립국어원, 1991.
이마무라 히사미, 「받아들이기 힘든 한국의 호칭 문화」, 『한글 새소식』 485, 한글학회, 2013.1.
이윤복, 「소셜 네트워크 사이트(SNS)의 호칭체계로 보는 한국정보문화 – 싸이월드의 일촌명을 중심으로」, 『Kado issue report』 5-10, 한국정보문화진흥원, 2008.
이정복, 「방송언어의 가리킴말에 나타난 '힘'과 '거리'」, 『사회언어학』 5-2, 한국사회언어학회, 1998.
이정복, 「국어 경어법 사용의 전략적 특성」, 서울대 박사논문, 1998.
임승필, 「예수님과 우리말」, 『사목』 270, 한국천주교중앙협의회, 2001.
임지혜, 「콜센터 상담사의 인권 침해에 관한 실증 연구」, 광주여대 석사논문, 2014.
전성수, 『부모라면 유대인처럼 하브루타로 교육하라』, 예담프렌드, 2012.
전혜영, 「우리말 성경에 나타난 대우법 – 성경전서 표준 새번역을 중심으로」, 『이화어문논집』 13, 이화여대 한국어문학연구소, 1994.
최혜경, 「한국어의 공손법 연구」, 『외국어로서의 한국어 교육』 27-1, 연세대 한국어학당, 2002.
허봉자, 「중국어권 학습자의 경어법 사용 오류 분석」, 『이중언어학』 35, 이중언어학회, 2007.
Lee, Won-Kyu, "Honorifics and politeness in Korean", Ph.D. dissertation The University of Wisconsin-Madison, 1991.
Lukoff, Fred, "Ceremonial and Expressive Uses of the Styles of Address In Korean", Chis-W Kim ed., *Papers In Korean Linguistics*, Hornbeam Press, 1977.
Weisgerber, Leo, Muttersprache und Geistesbildung, Vandenhoeck & Ruprecht, 1929.

「KB금융그룹 2009년도 실적발표회 Presentation」. https://www.kbfg.com/IR/IR2009_4Q/kor/01/script.htm.
"15 Surprising Facts abt #Education In Israel-My #VibeEdu @VibeIsrael Tour", Tech Learning, 2015.12.24. https://www.techlearning.com/tl-advisor-blog/10128.

"5 Languages That Could Change the Way You See the World", *NAUTILUS*, 2015.3.3. http://nautil.us/blog/5-languages-that-could-change-the-way-you-see-the-world.

"A new study finds that anti-refugee rhetoric on Facebook is correlated with physi cal attacks", 2018.1.12. https://edition.cnn.com/videos/bestoftv/2014/04/18/exp-gps-gladwell-korean-pilot.cnn.

"Asiana Airlines Flight 214 : A Pilot's Perspective", *SLATE*, 2013.7.8.

"In Germany, online hate speech has real-world consequences", *The Economist*, 2018.1.12.